걸어서 가보는

프라하 종교개혁 이야기

이지 오떼르 저 \ 김진아 역
대한예수교장로회총회교육자원부 편

PĚT VYCHÁZKOVÝCH OKRUHŮ

PRAHOU PO STOPÁCH ČESKÉ REFORMACE

by Jiří Otter

Tr. by Kim Jina

Copyright © 2001 by Jiří Otter

Korean Edition © 2012 by The Education Department of the General Assembly of Presbyterian Church of Korea

2012
Publishing House The Presbyterian Church of Korea
Seoul, Korea

걸어서 가보는

프라하 종교개혁 이야기

머리말:

먼저 이 책을 번역하여 한국에 소개하게 된 것을 하나님 아버지 앞에 무한 감사를 드린다. 이 책은 체코 특히 프라하에 대한 소개서이다. 프라하는 드라마로 우리에게 잘 알려진 나라이다. 멋지고, 아름답고, 고풍스럽고, 중세의 모습을 가장 잘 간직하였으며, 낭만적인 도시로 유명하다. 그러나 이곳 프라하의 역사적 진실을 제대로 이해한 사람들이 얼마나 될까? 그리고 관광 중에 현장에서 들었던 역사 이야기를 제대로 간직하고 있는 사람들이 얼마나 될까?

체코 프라하의 역사를 조금만 들여다보면 우리는 너무나 쉽게 종교개혁자 후스와 그의 지지자들이 신앙의 사수를 위하여 목숨을 걸었던 역사적 사실을 발견하게 된다. 그리고 이렇게 순교한 사람들이 있었기에 오늘날 개혁교회가 존재하게 됨을 하나님 앞에 감사하게 되며, 복음에 대한 무한한 감동을 생생하게 느끼게 된다.

바로 이러한 감동을 우리에게 오랫동안 간직하게 해 줄 수 있는 것이 오늘 우리가 내놓는 이 책이다. 본서를 통하여 체코 프라하와 후스에 대해 정확히 이해하게 될 것이고, 숨겨진 이야기로 여행을 더욱 즐겁게 할 것이며, 여러분들의 교양을 더욱 증진시킬 뿐만 아니라 아주 진한 감동적 신앙의 세계로 들어가게 될 것이다.

특히 이 책의 번역과 책의 출간을 위해 많은 수고를 해 주신 이종실 목사님과 김진아 사모님께 감사를 드린다. 이 책이 한국 교우들에게 많이 소개되어 프라하의 중세적 아름다움과 프라하의 종교개혁의 역사를 제대로 이해하는데 도움이 되기를 바란다.

총회교육자원부 총무
김치성 목사

한국어 판을 위한 서문 :

「걸어서 가보는 프라하 종교개혁 이야기」 저자로서 한국어 출판 서문을 쓰게 되어 매우 감사하다. 이미 몇 년 전에 이종실 목사가 한국어 출판 계획을 논의했었고, 그것을 실현시킨 것이 무엇보다 기쁘다. 한국어 출판은 독일어와 영어 출판에 이어 세 번째 외국어 번역서가 된다. 이 책은 한국의 형제자매들에게 체코의 수도 프라하의 풍성한 종교개혁의 역사를 더 가까이 접할 수 있도록 돕게 될 것이다.

체코 프라하의 안내서라 할 수 있는 본서의 한국어 출판은 '체코형제복음교단' 과 '대한예수교장로회'와의 선교협력과 무관하지 않다. 이 협정에 의해서 이종실 목사 가정의 헌신으로 양 교단 간의 교류가 심화되었다. 2000년에 우리 교단이 꼬빌리시 교회에서 프라하 한인 기독교인들과 연합하게 되었을 때 나는 체코형제복음교단 총회 에큐메니칼 부서 직원으로 섬겼기 때문에 한국어 출판에 대해 개인적으로 깊은 관심을 가졌었다. 나는 이종실 목사와 그의 부인 김진아 사모와는 친한 관계를 유지하고 있을 뿐 아니라 체코 한국인들이 함께 모이는 꼬빌리시 교회 행사나 프로그램에도 함께 참석하였다.

내가 저술한 이 프라하 안내서는 체코 역사 속에서 중세 기독교 교회가 개혁되고 개선되어야 한다고 외친 곳, 즉 우리의 개혁 조상들의 첫 목소리들이 울려 퍼진 장소에 초점을 맞추고 있다. 본서의 한국어 출판은 체코종교개혁의 영적 유산을 좀더 알고자 하는 나의 한국 형제자매의 사랑에서 비롯된 관심의 결과이다. 번역한 나의 자매 김진아 그리고 한국 독자들을 위해 체코종교개혁 역사를 간추려 준 이종실 형제에게 다시 한번 존경을 표한다.

한국어 출판이 우리 체코인처럼 이미 이 체코에 적응하며 살아가는 한국인들에게, 그리고 대한민국에서 체코 프라하를 방문하는 손님들에게 유용하게 사용될 수 있기를 기원한다.

이지 오떼르
Th. Dr. Jiří Otter

책을 번역하면서 :

    16년간의 중고등학교 교직생활을 모두 접고 어린 아들과 함께 남편을 따라 생소한 체코에 왔다. 1993년에 하나님의 파송을 기다리며 자신의 소명을 다시 확인하겠다며 무작정 체코로 가는 남편을 아무 대책 없이 뒤따라 나선 것은 지금 생각해 보면 모두 성령께서 하신 일이다. 후에 이것이 소위 '믿음 선교'라는 것을 알았다. 하루하루의 기적 같은 삶의 체험이 계속되었고, 남편의 기도대로 하나님의 파송이라고 고백할 만큼 드라마틱한 파송이 1997년에 이루어졌다. 하나님이 일하시도록 하는 선교적 삶을 깨달아 가려고 지금도 노력하고 있다.

    프라하는 중세도시의 아름다움을 보존하고 있어 방문자들을 매혹시킨다. 그러나 걸어 다니면서 곳곳에 숨어 있는 건물의 역사를 알고 나면, 우리 개신교 신앙전통의 발원지인 프라하를 만나게 된다. 오늘 나의 신앙이 체코의 개혁자들을 비롯하여 순교자들이 피 흘려 투쟁한 희생의 대가임을 깨닫게 된다. 한국어로 기도하고, 말씀을 읽고, 말씀을 듣고, 예수 그리스도의 살과 피를 온전히 먹고 마시는 주님의 만찬에 참여하는 신앙의 유산이 저절로 내게 이루어진 것이 아님을 알게 되면서, 교회가 그리스도의 몸이라는 사실이 무엇을 의미하는지 새롭게 깨닫게 되었다. 이러한 나의 깨달음을 한국 독자들과 함께 나누고 싶다.

프라하에서
김진아

프라하 유적지 탐험을 위한 안내

1. 프라하 여행을 시작하기 전 꼭 "간추린 체코종교개혁 역사"를 읽고 전체 역사의 맥락을 이해할 것

2. 체코를 가장 효과적으로 볼 수 있도록 구역별로 나누었으니 먼저 해당 구역의 지도를 펼친 후에 역사 여행을 시작할 것

3. 등장인물과 건물 및 문서들에 대해서는 뒤편의 인덱스를 활용할 것

4. 한 구역마다 보통 30분에서 60분 정도 소요되며, 평균 11번 정도 멈추어 설 것이니 여행 일정을 참고할 것

5. 외국 지명이나 이름은 현지발음으로, 체코 지명과 인명은 체코식이니 주의할 것
   예) 모라비아 → 모라바, 보헤미아 → 체코, 실레시아 → 슬레스꼬, 꼬메니우스 → 꼬멘스끼

6. 프라하 여행을 위해 도움이 되는 정보
   프라하 대중교통 트램이나 지하철 정보 : www.ropid.cz
   체코 생활 및 교회 정보 : www.nanumto.net, www.praguechurch.net
   체코날씨 : www.e-pocasi.cz

저자 서문 :

프라하, 체코의 '어머니' 그리고 체코종교개혁의 '어머니'

 신화적인 상징과 의미를 지지하는 사람들은 '금빛 프라하'와 체코가 '도시들의 어머니'라는 지리적인 요인만이 아니라 천문학적으로도 유럽의 중심이라고 오래전부터 확신하였다. 그들은 십자방향으로 교차하는 두 개의 선들(위도와 경도), 그리고 황도대(태양이 지나가는 황도 주변으로 약 8도 거리의 천구)의 기호(12궁도)로 이루어진 천문시스템에 따라 정비된 가장 오래된 도로가 하지선과 하지점을 나타내고 있는 것을 그 예로 들고 있다. (구도시와 신도시의 경계선의 '황금 십자로'의 표시는 오늘날까지 프라하의 지명이름이 되고 있다.) 후에 '프라하 자오선'(동경 14도 30분 위치와 관련한 상징)을 구시가 광장 바닥에 젤레즈나^{Železná} 거리에서 들로우하^{Dlouhá} 거리 방향으로 길다란 동판으로 표시하였다. (이 동판은 후스 동상 앞 약 10미터에 놓여 있다.) 동판이 표시하는 선상(線上) 바로 위에 1650년에 잔인했던 30년전쟁 종전과 반종교개혁 승리 기념으로 세운 마리아 탑이 세워졌고, 그 탑은 해시계 역할을 하였다. (1918년에 체코슬로바키아가 합스부르크로부터 독립하면서 반종교개혁이며 민족탄압의 상징인 마리아 탑은 제거되었다.)

 만약에 비유적으로 프라하를 '도시들의 어머니'로 부른다면, 프라하를 '체코종교개혁의 어머니'라고도 부를 수 있다. 종교개혁은 프라하에서 발생하였으며, 특별히 '체코종교개혁의 유모(乳母)'라고 할 수 있는 까렐 대학에서 발전하였다. '체코'라는 지명을 붙이는 이 종교개혁은 유럽의 첫 번째 종교개혁이며, 단지 체코 민족을 넘어 당시 체코 왕국 전 지역에서 일어났던 종교개혁이었다. 프라하의 종교개혁 유적지를 찾아다니면서 우리는 체코인들만이 아니라 체코종교개혁과 관련된 이탈리아의 발데시안, 독일인, 폴란드인, 그리고 영국인들을 소개하게 된다. 체코종교개혁은 후스파에서 시작되어 체코 귀족들의 반란을 거치는 국제적인 참여와 에큐메니컬 특성을 지닌다.

종교개혁의 다양한 영적 흐름의 에큐메니컬 공존은 체코 영토와 '왕국의 수도'(caput regni)인 프라하에서 200년 동안(1415-1620) 계속되었다. 당시에 프라하는 다른 모든 지역처럼 90퍼센트가 개혁교도였으며, 그것은 체코종교개혁의 선두 도시였음을 의미한다. 로마가톨릭은 주변이 되었다. 오랫동안 프라하 교구 교회는 오직 프라하 성에 있는 하나의 교회뿐이었으며, 나머지는 모두 후스파 교회들이었다. 가톨릭 교회는 사제를 서품할 추기경이 없었다. (1402년에 프라하 추기경 베흐따의 콘라드는 이종성찬 교회에 합류하였고, 사제 서품을 주었다.) 까렐 대학 신학부는 후스파였다. 단지 몇몇 수도원 교회들만이 가톨릭 교회에 남았었다. 가톨릭 교회의 상황은 15세기 말 가톨릭 야겔론 Jagellonský의 왕 블라디슬라브 2세 Vladislav II가 통치할 때, 특히 후에 합스부르크가 왕이 되면서 좋아졌다. 반면에 수년 동안 체코에서 법적으로 인정을 받지 못하였던 형제단 Jednota bratrská은 1609년 루돌프 황제 칙령 발표 이후에 프라하에서 자신의 교회당을 가질 수 있었다. 체코 개혁교회 공동체는 1575년의 체코신앙고백에 의해 설립되어, 가톨릭 유럽사회에서 가톨릭 교회 감독으로부터 완전히 독립된 형태의 개혁교회의 새로운 신앙고백 공동체로 존재하였다.

체코종교개혁의 어머니인 프라하는 결국 빌라 호라 Bílá hora 전투에서 승리하자 로마가톨릭의 잔인한 보복의 첫 희생이 되었다. 가혹한 반종교개혁의 박해는 프라하가 징벌받은 체코종교개혁의 자녀들을 포기하여 강제 추방시키는 계모가 되는 역할을 하게 하였다. 비록 길고 힘들었지만 역사 발전은 결국 더 좋은 방향으로 발전하였다. 160년 후인 1781년에 프라하에서 종교적 관용이 선포되었으며, 그리고 다시 80년 후인 1861년에 결국 개혁교도들은 가톨릭 교도들과 법적으로 동등한 지위를 갖게 된다. 20세기에 두 번의 전체주의 통치의 새로운 억압의 시기 이후, 프라하는 역사적 범죄의 용서와 화해의 정신을 촉진시키는 기독교 교회들의 에큐메니컬 화해의 도시가 된다. 이 가이드북의 역사적 사상적 틀은 이와 같은 정신과 연결되어 있음을 기억해야 한다.

이지 오떼르 목사

Contents

머리말 / 5
한국어 판을 위한 서문 / 6
책을 번역하면서 / 7
저자 서문 / 9

간추린 체코종교개혁 역사 / 14

첫 번째 구역 구시가 - 중앙, 남서부

1. 까롤리눔 _ 22
2. 성 하벨 교회와 멜란뜨리흐의 집 _ 29
3. 구시가 광장의 후스 동상 _ 34
4. 구시청사 _ 37
5. 성 미꿀라쉬 교회와 구시가 주변 _ 41
6. 성 미할 교회 _ 47
7. 성 일리 교회 _ 54
8. 베들레헴 채플 _ 58
9. 슈띠뜨니의 집 _ 64
10. 학사 지역 - 밀리츠의 예루살렘 _ 66
11. 벽 속의 마르띤 교회 _ 69
12. 쁠라띠즈 _ 72

두 번째 구역 구시가 - 중앙과 북동쪽

1. 검은 장미의 집과 옛 왕의 궁전 _ 76
2. 히베른의 집, 옛 화폐 주조소, 부꼬이 궁 _ 81
3. 띤 사제관 _ 86
4. 옛 오테르스도르프의 식스트 집 _ 88
5. 띤 앞의 성모 마리아 교회 _ 90
6. 부도보의 바츨라프 부도베쯔 집 _ 94
7. 살바또르 개혁교회 _ 97
8. 성령 교회 _ 100
9. 성 시몬과 유다 교회 _ 102
10. 성 하슈딸 교회 _ 105
11. 끌리멘트 개혁교회 _ 108
12. 성 베드로 교회 _ 112

세 번째 구역 신시가 – 남쪽과 남서쪽

1. 눈 속의 성모 마리아 교회 _ 116
2. 프란티쉑 빨라츠끼의 집 _ 120
3. 체코형제복음교단의 '후스의 집' _ 122
4. 예로님 프라즈스끼의 집 _ 125
5. 신시청사와 '그리스도의 몸' 채플 _ 128
6. 엠마오 수도원 _ 137
7. 프란티쉑 빨라츠끼 동상 _ 141
8. 성 바츨라프 교회 _ 143
9. 성 시릴과 메또데이 교회 _ 145
10. 성 보이띠예흐 교회 _ 147
11. 성 미할 교회 _ 150

네 번째 구역 구시가 – 서쪽과 소지구

1. 성 안나 교회와 옛 수녀원 _ 158
2. 구 예수회 대학 끌레멘티눔 _ 160
3. 끌레멘티눔의 성 살바또르 교회 _ 165
4. 구시가 다리탑 _ 168
5. 구 추기경 궁전 _ 172
6. 승리의 성모 마리아 교회 _ 174
7. 브르뜨바 궁, 옛 크리슈토프 하란트의 집 _ 177
8. 소지구의 성 미꿀라쉬 교회 _ 179
9. 리흐텐슈타인 궁과 모르진스끼 궁 _ 182
10. 스미지츠끼의 집 _ 185
11. 소지구의 옛 시민회관 _ 187
12. 발드슈테인 궁과 꼬멘스끼 교육학 박물관 _ 189

다섯 번째 구역 프라하 성, 빌라 호라(백산)

1. 프라하 성 _ 198
2. 체코종교개혁 역사 속의 프라하 성 _ 201
3. 흐라드차니 지역의 성에서부터 빌라 호라까지 _ 208
4. 운명적 투쟁의 무대 빌라 호라(백산) _ 212
5. 빌라 호라 여름별장 '별' _ 217
6. 재가톨릭화에 대한 회상 _ 220
7. 관용의 시기와 완전한 종교의 자유 _ 224

에필로그 : 체코종교개혁의 유산 / 227

연대별 역사적 사건들 / 231
인덱스 / 237

간추린 체코종교개혁 역사

체코를 여행하기 전 꼭 알아야 할 체코종교개혁의 역사를 간략하게 소개한다. 중세시대의 역사의 흔적을 생생하게 품고 있는 이곳의 역사적 배경을 먼저 꼭 알고 출발하길 바란다.

프라하는 14세기 체코종교개혁의 선구자들과 15세기 초 종교개혁의 역사, 그리고 17세기 30년전쟁과 그 이후 합스부르크를 중심으로 하는 로마교회의 재카톨릭화에 따른 반종교개혁의 잔인한 박해의 역사 흔적을 생생하게 지니고 있다.

체코 기독교 역사는 8세기 말로 거슬러 올라가며, 845년에 현재 독일의 레겐스부르크인 바바리아 제젠에서 14명의 체코 부족장들이 세례를 받은 기록이 나온다. 프랑크 제국의 영향을 견제하기 위해 대모라바제국의 왕 라스띠슬라브^{Ratislav}가 동방교회들과 밀착하면서 그리스에 선교사 파송을 요청하게 된다.

863년 모라바에 마케도니아의 데살로니카 출신인 슬라브인 선교사 콘스탄틴(일명 시릴^{Cyril}과 메또데이^{Metodej}) 두 형제가 파송되었다. 그들은 지역 주민들을 위해 문자(흘라홀리쩨 문자, 후에는 시릴 문자 또는 끼릴리쩨 문자라고 하며, 이 문자는 현재 러시아어 알파벳인 아즈부까이다.)를 만들었다. 예배에도 구 슬라브어 예전을 사용하였다.

마잘족의 침략으로 대모라바제국이 멸망하자 다시 체코 영토는 로마의 영향을 받게 되고, 10세기에 라틴어 사용을 하는 서방 기독교 신앙전통이 정착된다. 이렇게 체코 영토에 정착된 서방 전통의 교회는 중세에 들어서면서 타락의 길로 들어가게 된다. 1344년 이후 세속화되어 가는 로마교회를 갱신하겠다는 개혁의 노력이 체코 영토에서 나타나기 시작했다. 소위 체코종교개혁의 선구자들이 14세기 초에 등장한다.

체코종교개혁의 중심지는 베들레헴 채플$^{Betlemská\ kaple}$이다. 이 채플은 1391년에 프라하에서 체코어 설교를 위해 건립되었고, 15세기 초 소위 유럽의 첫 번째 종교개혁인 후스종교개혁운동을 이끌어 내었다.

1396년부터 까렐 대학 교수로 활동하고 있던 얀 후스$^{Jan\ Hus}$는 1402년에 베들레헴 채플에서 설교를 하였고, 설교를 통해 교회 개혁을 강조하였다. 까렐 대학의 학장까지 지냈던 얀 후스는 영국 종교개혁자 존 위클리프$^{John\ Wycliffe}$의 영향을 받았다. 그의 대표적인 저술은 교황권에 대한 신랄한 비판을 담은 「교회에 관해서」이다. 그의 설교는 하나님의 말씀에 입각한 올바른 믿음의 필요성을 강조하였다. 결국 그는 1415년 7월 6일 콘스탄츠(현재 독일과 스위스 국경도시)에서 재판을 받아 이단자로 화형을 당하였다. 그의 추종자로 후스의 뒤를 이어 베들레헴 채플에서 설교를 하며, 까렐 대학 학장을 지닌 스뜨지브로의 야꼬우백$^{Jakoubek\ ze\ Stribra}$이 있다.

그러나 후스의 추종자들인 후스파들 사이에서 신학적인 논쟁들이 일어난다. 그리하여 후스파는 '따보르의 급진파'와 '프라하의 온건파'로 나뉘어졌으며, 1434년에 립빤^{Lipan}에서 같은 개혁파들의 노선 투쟁이 일어난다. 여기서 승리한 프라하의 온건파가 로마교회 진영과 타협을 하자 불만이 있던 급진적인 후스파 진영에서 15세기 후반에 뽀예브라디의 이지$^{Jiří\ z\ Poděbrady}$가 중심이 되어 새로운 개혁세력을 형성한다. 이 개혁세력이 '체코형제단'$^{Jednotá\ bratrska,\ Unitas\ fratrum}$이다. 이 세력의 중심인물들은 뻬뜨르 헬치츠끼$^{Petr\ Chelčický}$, 얀 로끼차나$^{Jan\ Rokycana}$, 루까쉬 프라슈스끼$^{Lukaš\ Pražský}$, 얀 아모스 꼬멘스끼$^{Jan\ Amos\ Komenský}$(라틴어 이름은 꼬메니우스)이다.

16, 17세기에 체코형제단$^{Jednota\ bratrská}$은 체코종교개혁의 전면에 등장하며, 가장 중심이 된다. 그들은 자신들의 신앙고백, 교리, 교회조직, 찬송가 외에 자신의 언어로 번역된 성서 「끄랄리츠까 성경」$^{Bible\ kralická}$(간단한 주석이 곁들여진 6권으로 된 체코어 성서)을 갖는다. 형제단은 모든 삶의 영역에서 그리스도의 통치를 강조하는 신학적 특징을 갖는다. 교회생활에 대한 가장 기본적인 형제단의

개념은 라틴어 슬로건에 잘 나타나 있다 : "In principiis unitas, indubiis libertas, in omnibus caritas"(연합의 원칙으로, 의심 없는 자유로, 모든 사랑으로)

후스 추종자들이 종교개혁을 시작한 지 100년이 지난 다음 체코종교개혁은 독일종교개혁의 지지를 받게 된다. 후스파들은 루터의 어록인 "후스는 진리 때문에 화형을 당했고 후스파들은 좋은 기독교인들이다."를 접하면서 루터의 활동을 얀 후스의 계승으로 이해하였다. 후스파 학생들이 독일 개혁대학에서 교육을 받기도 하였다. "오직 믿음에 의한 의로움"에 대한 루터의 가르침이 후스파들 사이에 큰 반응을 일으켰고, 16세기 중엽에 루터의 가르침은 구 후스 이종성찬파와 신 후스이종성찬파로 나뉘어지는 계기가 되기도 했다.

그리고 칼빈이 1544년 까렐Karel, Charles 황제 5세에게 보내는 교황에 항의하는 "경고의 편지"라는 자신의 글에 얀 후스의 유산을 상기시킬 만큼 형제단은 스위스 종교개혁과도 밀접한 접촉을 하였다. 형제단은 스위스 종교개혁의 교리와 장로교회의 정치가 자신들의 생각과 가깝다고 생각하여 받아들인다. 그러나 스위스 종교개혁을 존중하였지만 교회의 평신도 지위에 대한 보장을 염려하여 자신의 정체성을 그대로 지켰다.

형제단이 루터와 스위스 칼빈의 종교개혁과 접촉을 하면서 체코와 모라바 영토 내에 크게 세 부류의 교회가 형성된다. 첫째, 전통적인 구(舊) 이종성찬파와 보다 개방적인 신(新) 이종성찬 후스파 교회, 둘째, 독일인 교인들인 루터파 교회, 셋째, 체코와 독일 공동체들을 갖고 있는 형제단 등이었다.

페르디난드 1세가 로마가톨릭 합스부르크 왕위에 오르는 1526년부터 로마가톨릭교회의 반개혁운동이 강화되고, 이때부터 체코 영토 내의 신학적 입장 차이가 다른 개혁교회들 간에 투쟁노선들이 갈리기 시작하였다. 우여곡절 속에서 1575년에 최종적으로 "체코신앙고백"이 작성된다. 이 신앙고백은 당시 신학적 입장 차이가 다른 모든 개혁교회들의 견해를 포함하여 루터파의 '아우구스부르크 신앙고백', 후스파의 '프라하 4개 조항 신앙고백', 형제단의 신학적인 방향에 부응하는 '하이델베르크 신앙고백' 모두를 포함하게 된다.

이 신앙고백이 1575년 5월 17일 막시밀리안 2세Maxmilian II 황제에 의해 선포되지만 법제화되지 못하고 계속 투쟁을 하다가 1609년 루돌프 2세Rudolf II 황제가 즉위하면서 이 신앙고백을 법제화하는 황제의 헌장이 발표된다. 그러나 유럽에서의 새로운 정치발전과 체코지역에서 개혁파 의원들 간의 불일치로 결국 체코종교개혁은 비참한 종말을 맞게 된다.

초기에 다른 나라로 확산될 수 있었던 독일종교개혁과 달리 체코종교개혁은 30년전쟁(1618-1648) 기간과 그후 체코의 100년 역사에서 거의 완전히 탄압되었다. 체코 개혁주의 귀족들(베드지흐 팔츠끼Bedřich Falcký가 체코 왕으로 선출된 직후 잠시 동안 형성되었던)이 1620년 11월 6일 프라하 근교의 빌라 호라Bílá Hora (백산) 전투에서 완전히 패배를 당하게 되었다. 이 사건으로 그 후 300년 동안 90퍼센트가 개혁주의자들이었던 체코 영토에서 종교의 자유가 상실되었다.

27명의 체코 개혁주의 귀족 지도자들이 1621년 6월 21일 재판을 받고 프라하 구시가지에서 처형을 당했다. 그리고 그의 가족들과 추종자들은 죽임을 당하거나 추방을 당하고 그들의 재산은 모두 가톨릭교회로 귀속된다. 그 당시 약 30,000명이 추방을 당했는데 그중에 형제단의 마지막 감독인 꼬멘스끼가 있었다. 지위를 박탈당한 추방자들은 유럽 전역을 방랑하며, 젊은이들에게 보다 나은 교육을 시킬 수 있는 곳, 영적인 삶을 고양시킬 수 있는 곳, 그리고 민족 간의 평화를 이해할 수 있는 곳을 찾아 다녔다. 30년전쟁을 마무리짓는 1648년 '베스트팔렌 평화 협정' vestfalský mír은 체코 영토에 남아 있거나 아니면 외국으로 흩어져 있는 체코 개혁자들에게 해방을 의미하지 않았다.

야만적인 '반종교개혁'은 160년간 체코 영토에서 계속되었고, '흑암의 시기'라고 표현할 만큼 그 당시에는 공개적인 개혁교회의 삶은 눈꼽만큼도 허락되지 않았다. 체코 영토 내에는 어떠한 종교개혁의 유산이 남아 있을 것 같지 않았다. 그러나 결코 체코인들에게 종교개혁의 믿음의 불꽃이 완전히 꺼지지 않았다. 계속되는 박해에도 불구하고 종교개혁자들의 비밀 신앙 소그룹이 불

법적으로 모였다. 그들은 비밀예배집회를 위해 마을로부터 멀리 떨어진 숲속, 바위, 계곡에 모였다. 이웃나라 작센 공국(옛 동독지역)과 폴란드에 살고 있는 체코종교개혁 추방자들이 정규적으로 그들을 방문해서 영적으로 힘을 북돋아 주었다. 체코 개혁자들은 예수회와 군인들의 수색으로 자신들의 옛날 성경과 종교 서적들은 여러 다른 장소에 보관하였다. 외국 귀족과 시민들(특히 대부분이 독일인)이 합스부르크 통치자의 초청으로 체코 영토로 이주해 옴으로써 반종교개혁은 더욱 강화되어 체코인들의 삶은 점점 더 빈곤하게 되었다. 이 시기에 체코 영토 내의 로마가톨릭 교회는 억압적이고, 게르만주의적인 합스부르크 왕가와 매우 긴밀한 유대 관계를 가지게 되어, 후에 체코인들은 로마가톨릭 교회에 대해 매우 부정적인 태도를 갖게 된다.

반종교개혁 시대에 신앙 때문에 추방당한 체코 추방자들과 후에 다양한 자유 의사에 따르는 이유로 자신의 나라를 떠난 이민자들이, 반종교개혁의 영향이 없는 당시 헝가리에 속해 있던 슬로바키아와 독일의 종교개혁 통치 지역으로 피난을 갔다. 후에 경건주의 신앙을 견지하던 이들이 독일 지역(작센)에 정착했다. 피난민들에 의해 세워진 독일 지역의 정착지 가운데 가장 유명한 곳이 헤른후트^{Herrnhut}이다. 헤른후트는 1722년 모라바의 형제단의 후예들 – 백작 미꿀라쉬 진젠도르프$^{Mikulas\ L.\ Zinzendorf}$에 의해 설립되었다. 1749년 교회 공동체를 창설한 직후 '재건된 형제단'을 설립하였다. 이들은 후에 전세계 선교 활동을 폈고, 힘든 반종교개혁 시기를 극복하는 체코형제단에게 부유한 영적 유산을 남겼다. 오랫동안 지속되던 반종교개혁이 내적 외적으로 체코의 개혁교도들을 무기력하게 하였음에도 불구하고 체코와 모라바 지역에서는 160년간 극심한 박해의 시대에 약 8만 명의 비밀 개혁교도들이 존재하였다고 한다.

결국 계몽주의 시대의 통치자 요세프 2세 황제가 종교의 자유의 평화를 선언하였다. 1781년 10월 13일 합스부르크 군주국 지역의 비가톨릭 교도들에게 종교의 관용을 허락하는 '관용의 칙령'$^{Toleranční\ patent}$이 발표되었다. 관용은 사실상 로마카톨릭 교회의 엄격한 감독 아래에서 개혁교도와 다른 소수 신앙 집단에게 허락한 종교의 자유였다. 그럼에도 불구하고 관용의 선언이 그때까지도 존재하였던 '지하' 개혁교도들에게 구원의 상징이 된 것은 그들에게 교회조직과 공개적인 신앙고백의 가능성이 열렸기 때문이다.

1차세계대전 이후 1918년 10월 28일 '체코슬로바키아공화국' 설립으로 완전한 종교의 자유가 모든 사람들에게 주어졌다. 민족 독립과 함께 체코개혁교도들은 300년 만에 신앙의 자유를 비로소 새롭게 완벽하게 되찾게 되었다. 그리고 그들이 오랫동안 갈망해 온 체코개혁교회들의 연합이 가능하게 되었다. 300년 동안 체코 개혁전통의 후예들이 자신들의 조상의 믿음을 온전하게 선포할 수 있게 되었다. 그들은 1918년 12월 프라하에서 총회를 열고 '체코형제복음교회' Českobratraská cirkev evangelická 로 연합하였고, 자신들의 교회의 상징으로 '성경'(형제단의 전통) 위여 놓여 있는 '성찬잔'(후스의 전통)이 되었다. 그러나 이 체코개혁교회는 다시 나찌와 공산주의의 전제주의 통치의 박해를 겪어야 했고, 비로소 1989년 공산체제가 무너진 벨벳혁명 이후에 집회와 포교와 신앙의 자유를 누리게 되었다.

공산정권 통치 때 교회의 재산을 국유화하면서 목회자와 교회 운영을 위한 재정을 국가가 지원하는 교회의 재정법이 그대로 지속되어 있어 재정적으로 교회는 여전히 국가로부터 자유롭지 못하였다. 결국 재정적으로 국가로부터 자유롭지 못한 교회는 1989년 사회의 급격한 변화에 적응을 하지 못한 채 계속 침체되어 사회로부터 외면을 받게 된다.

2011년 인구조사에 따르면 가톨릭 10퍼센트, 개신교 1퍼센트로, 지난 30년 간 지속적으로 줄어든 것으로 나타났다. 지난 20년 이상 지속된 교회의 재산반환협상이 2012년에 국가와 교회 간에 타결되면, 30년 후에 교회는 국가로부터 완전히 독립하게 된다. 앞으로 30년간은 체코 기독교 교회의 미래를 위한 중요한 시기라고 말할 수 있다.

대한예수교장로회 체코 선교사
이 종 실
jongsil@gmail.com

첫 번째 구역

구시가-
중앙, 남서부

1. 까롤리눔(Karolinum)
2. 성 하벨 교회와 멜란뜨리흐의 집(Kostel sv. Havla a někdejěší dům Melantrichů)
3. 구시가 광장의 후스 동상(Husův pomnik na Staroměstská náměstí)
4. 구시청사(Staroměstská radnice)
5. 성 미꿀라쉬 교회와 구시가 주변(Kostel sv. Mikuláše)
6. 성 미할 교회(kostel sv. Mchala)
7. 성 일리 교회(Kostel sv. Jiljí)
8. 베들레헴 채플(Betlémská kaple)
9. 슈띠뜨니의 집(dúm rodiny štítných)
10. 학사 지역 – 밀리치의 예루살렘(Areál Konvikt, někdejší Miličův Jeruzalém)
11. 벽 속의 마르띤 교회(Kostel sv. Martina ve zdi)
12. 쁠라띠즈

(첫 번째 구역을 구경하며 걷는 데 걸리는 시간은 약 25~35분)

1. 까롤리눔

체코 종교개혁의 자취를 따라가는 프라하 도보여행을 시작하려면 중세 체코 문화의 기초이자, 체코 개혁운동의 중심지였던 까렐 대학을 제외할 수 없을 것이다. 이곳에서 후스 개혁 프로그램이 생겨나고, 점차 그 모양이 갖추어졌으며, 개혁의 이론적인 자료들이 만들어졌다. 그러므로 까렐 대학의 상징인 까롤리눔 강당에서부터 우리의 여행을 시작하는 것이 좋겠다.

바츨라프 광장 아랫부분에 있는 지하철역 무스텍Můstek에서 나 무스뜨꾸Na můstku의 거리를 통해 내려오면 리띠즈스카 거리와 만나게 된다. 그곳에서 오른쪽으로 방향을 틀면 젤레즈나Železná ulice 거리와 만나게 되고, 이윽고 눈에 띄는 르네상스 건물인 스타보브스께 극장Stavovské divadlo의 모습이 보인다.

스타보브스께 극장

> ### 스타보브스께 극장
>
> 이전에는 노스띠즈 극장Nosticovo divadlo이었던 스타보브스께 극장은 1781~1783년 F. A. 노스때쯔 백작이 건립하였다. 중앙 입구에 걸려 있는 현판에는 이곳에서 1787년 요한 볼프강 아마데우스 모차르트의 오페라 '돈 지오반니'Don Giovanni가 처음 공연되었다고 기록하고 있다. 왼쪽의 비슷한 현판에도 1834년, 요세프 까예딴 띨Josef Kajetán Tyl의 뮤지컬 '피들로바츠까'Fidlovačka에서 프란티쉑 슈크로우프František Škroup 작곡의 '나의 고향은 어디에'Kde domov můj가 처음으로 연주되었다고 쓰여 있다. 이 노래는 후에 체코슬로바키아 국가였다가 지금은 체코공화국의 국가가 되었다.

까렐 대학교Karlová Univerzita 본관은 스타보브스께 극장 왼편에 서 있다. 이 건물의 정면은 젤레즈나 거리와 접해 있으나 건물 중앙 입구는 극장 뒤 왼편, 잘 정돈된 마당 쪽으로 나 있다. 우리는 고딕식 퇴창(밖으로 튀어나온 창)이 있는 좁은 길을 따라가다 대학의 중앙입구에서 잠시 멈추어 보자. 퇴창이 있는 부분은 현재 대학의 강당 벽면인데 처음에는 퇴창이 있는 자리에 성 코스마Kosma와 다미안Damian 채플이 있었다. 지금은 채플의 벽만 남아 있고 그 벽면에 코스마와 다미안 두 성인의 인물화가 있을 뿐이다.

까렐 대학교는 처음부터 모든 건물이 갖추어진 것은 아니었다. 잠시 대학교 건물의 역사를 알아보자.

까렐 4세Karel IV(+1378)는 1348년 프라하에 까렐 대학교를 설립하였다. 이는 북쪽으로는 알프스, 서쪽으로는 파리까지의 유럽지역에서 설립된 최초의 대학이었다. 그러나 그 당시 대학 본관은 없었고, 수업은 교회 부속실이나 수도원, 교수 자택에서 이루어졌다. 그리하여 1366년 구시가 유태인 지구 주변 학생 기숙사 근처에 까렐 4세가 그들을 위하여 주택을 구입하여 주었지만, 그마저도 수업에 필요한 공간으로는 충분하지 못하였다. 그래서 까렐의 후계자인 바츨라프 4세Václav IV(+1419)는 1383년 은화 주조원이었던 J. 로뜰레프에게서 거대한 고딕식 저택을 구입하여 근처 두 개의 건물과 함께 대학 건물로 활용하도록 하였다(그중 하나는 오늘날까지 고딕식

1층이 잘 보존되어 있다). 그 이후 점차적으로 진행된 공사로 강의에 필요한 공간들과 교수 및 학생들의 기숙사가 생겨났다.

까롤리눔에서 가장 유명한 곳은 옆면 벽 중앙, 이전 채플의 퇴창이 있는 2층 강당이다. 오늘날 강당에는 까렐 뽀꼬르니의 작품인 까렐 4세의 동상이 우뚝 서 있다. 지금도 이 강당에서는 입학식, 졸업식 및 대학의 여러 행사가 이루어지는데, 행사 때마다 후스의 찬송가 "예수 그리스도, 관대한 사제시여"가 오르간으로 연주된다. 이러한 풍습은 1396년부터 얀 후스^{Jan Hus}가 활동을 시작한 이후 까렐 대학이 첫 종교개혁의 정신적인 온상이자 출발지였음을 상기시켜 준다. 얀 후스는 이곳 까렐 대학에서 1401~1402년 철학부 학장으로, 1402~1403년과 1409~1410년에 대학 총장을 지냈다. 그는 'alma mater'(가장으로서의 어머니들이라는 뜻의 라틴어)를 바탕으로 개혁운동을 시작하고 이끌었으며, 특별히 1402년부터 대학 채플이었던 베들레헴 채플에서 설교를 행하면서 이를 개혁운동과 결합시키기 시작하였다.

까롤리눔의 2층 강당 사진

얀 후스의 대학 개혁

영국의 종교개혁자 존 위클리프의 가르침에 따라, 얀 후스도 철학의 실재론(實在論) 사상에 입각하여 교회는 그리스도 복음의 가르침과 초대교회 사도들의 삶으로 철저히 돌아가 "머리부터 발끝까지 개혁되어야 한다."는 생각을 갖게 되었다. 비록 외국인 교수들은 반대했으나 후스의 개혁은 바츨라프 4세와 대학 내 모든 교수들이 참여하는 전체회의, 즉 평의회로부터 기대를 받았다. 그 당시의 대학은 파리대학의 제도를 따라 철학부, 신학부, 의학부, 법학부 4개의 학부로 나뉘어져 있었고 교수들과 학생들은 출생에 따라 4개의 민족 — 체코인(체코 내 독일인 포함), 바바리아인, 색슨족, 폴란드인으로 구분되었다. 각 민족은 중요한 사항을 결정할 때 한 표씩을 행사했기 때문에, 외국인들이 대학 내에서 다수를 차지하고 있었다. 대학 내에서 후스의 개혁에 동의하는 사람들은 주로 체코 민족 출신 교수와 학생들이었으며, 반면에 후스 개혁을 반대하는 사람들은 외국인이었다. 결국 1403년 대학 내 투표에 의해 위클리프의 가르침을 금지하는 법이 통과되었다. 이러한 상황을 타파하기 위해 대학 내 개혁파들이 꾸뜨나 호라$^{Kutna\,hora}$에 모여 1409년 후스와 예로님^{Jeronym}의 주도로 '꾸뜨나호라 칙령'$^{Kutnohorský\,dekret}$을 발표하였다. 이 칙령으로 대학 내 중요한 회의에서 체코 민족 출신들은 일인당 3표를 가지게 되었고, 외국인 출신들은 일인당 한 표만 가지게 되었다. 이 발표로 외국인 교수들과 학생들, 특히 독일 출신 교수들과 학생들 약 800여 명이 오스트리아 비엔나, 독일 하이델베르크, 폴란드 크라코프 등으로 옮겨 가게 된다. (칙령은 까롤리눔 앞마당에서 성대하게 발표되었다.)

위클리프의 가르침에 대한 논쟁이 극에 달하고 있을 때, 후스는 1410년에 대학에서 종교개혁 투쟁에 뛰어들기 시작하였다. 그 당시 대주교였던 즈비넥^{Zbyněk} 대주교는 반후스파 입장에 서게 되는데, 그는 공개적으로 위클리프의 저서들을 불태우고, 금지명령을 내렸다. 그럼에도 불구하고 후스가 베들레헴 채플에서 설교를 계속하자 결국 그를 파문하기에 이른다.

1412년 6월 7일 까롤리눔에서 후스가 예로님과 함께 교황의 면죄부 판매를 반대하는 공개논쟁을 벌였을 때 대립은 더욱 치열해졌다. 도시에서 일체의 교회 활동을 금지하는 '성무 금지령'이 1412년 9월 발표되자, 후스는 곧바로 시골로 자진하여 내려갔다. 그리하여 후스의 프라하 활동은 여기서 끝이 난다.

하지만 후스와 대학과의 관계는 계속되었는데, 특히 총장 후임자였던 야꼬우벡^{Jakoubek}과의 관계는 콘스탄츠에 감금될 때까지 지속된다. 이때부터 후스는 성만찬 때 빵과 포도주 모두를 평신도들에게 나누어 주는 '이종성찬' 주장에 동의하였다. 그리고 자신의 생각을 야꼬우벡에게 전하기도 하였다. 또한 후스는 교황과 공의회에 종속된 교회의 해방을 위해 끊임없이 기도하였다.

퇴창

콘스탄츠에서 후스가 순교를 당한 이후, 대학도 그의 개혁 의지에 전적으로 동참하게 된다. 1417년 대학은 후스가 하나님의 진리를 위해 싸운 순교자였음을 선포하고, 이종성찬의 정당성을 승인하였다. 야꼬우벡과 그의 동료들은 후스의 개혁 요구안을 정리하여 1420년 7월 14일 까롤리눔에서 '프라하 4개 조항'을 발표한다. 까렐 대학은 개혁운동이 끝날 때인 1620년까지 교리에 관한 문제를 조정하는 역할을 하였다.

프라하 4개 조항

제1항, 하나님의 말씀에 대하여

    첫 번째로, 우리에게 명령하는 것처럼, 하나님 나라에 대한 하나님 말씀이 체코어로 자유롭게 그리고 기독교 사제들의 방해 없이 증언되고 설교되도록 한다.

제2항, 이종성찬에 대하여

    두 번째로, 그리스도의 제정과 명령에 따라 빵과 포도주 두 가지 방식으로 하나님의 거룩한 몸과 피는 죽음에 이르는 죄를 범하지 않은 모든 신실한 그리스도인들에게 자유롭게 주어져야 한다.

제3항, 사제들의 세속통치를 박탈하는 것에 대해

세 번째로, 많은 사제와 수도자들이 세속법에 의해 거대한 물질을 다스리고 있는 것은 그리스도의 명령과 자신들의 사제 관청의 법에 반하는 것이기 때문이다. 그러므로 사제들에게서 적법하지 않은 통치권을 빼앗도록 하기 위해, 말씀을 따라 우리에게 모범이 되는 삶을 살도록 하기 위해, 그리스도와 사도의 수준으로까지 우리를 인도하도록 하기 위함이다.

제4항, 죄의 처벌에 대하여

네 번째로, 모든 사람들이 죽음을 면할 수 없는 명백한 모든 죄들, 그리고 하나님의 법에 반대하는 모든 것들과 지혜롭게 싸우는 것을 공식적으로 정착하도록 하기 위해서, 게다가 이 땅이 악하고 왜곡된 평판으로부터 깨끗하게 되어 보헤미안 왕국과 언어가 융성하도록 하기 위함이다.

(번역자주 : 성직자에 의해 저질러지는 모든 죄를 포함한 공적인 죄를 처벌하는 것)

4개의 조항을 간단히 요약하면 당시의 예배는 알아들을 수 없는 라틴어가 아닌 자국어로 설교해야 하고, 사제들에게만 허용되었던 잔을 모든 성도들에게 예수님처럼 떡과 잔으로써 거행해야 하며, 사제들의 면책특권을 철회해야 한다는 것이다.

종교개혁 기간 동안 까롤리눔은 중요한 교회 행사들이 열리는 장소였다. 이곳에서 후스파 사제들의 총회가 열렸고 이종성찬주의자들의 '개혁파 종교의회' 선거를 실시하였다. 특히 1421년 총회가 중요한 이유는 가톨릭은 물론 따보르파와도 다른 프라하파의 이종성찬에 대한 교리가 형성되었기 때문이다. 1431년 뺄흐지모프의 미꿀라쉬 Mikuláš z Pelhřimova 주교에 의하여 작성된 '따보르 신앙고백' 또한 이곳에서 발표되었다. 100년 후인 1543년에도 이종성찬주의자와 루터파의 교리 사이의 차이점에 관한 협의가 이곳에서 이루어졌다.

그 후 까롤리눔에서는 개혁교도들의 회의가 열렸다. 1618년 봄, 루돌프 2세의 '루돌프 황제헌장'(1609, 종교의 자유에 관한)의 내용을 고수하려는 개혁교도들과 그 내용을 없애려는 가톨릭 세력들 간의 충돌이 있던 때에 마띠아쉬^{Matyás} 황제는 협의 요청을 받아들여 개혁교도 대표들을 소집한다. 황제가 요구서를 거부하고 다른 회의도 금지시키자 1618년 5월 21일 개혁교도들이 분개하여 이곳에서 모임을 가진 후, 이틀 뒤 무장한 사람들을 대동한 대표들을 프라하 성으로 보낸다. 그러나 협의를 채 마치기도 전에 황제의 총독들을 창문 밖으로 내던지는 사건이 발생한다. 이른바 제2차 '창문 밖 투척 사건'으로 합스부르크의 가톨릭 지배에 반대하는 시민 항쟁의 시작을 알리는 사건이었다.

1620년 빌라 호라$^{Bílá hora}$ 전투에서의 패배로, 승리자 페르디난드 2세$^{Ferdinand\ II}$는 체코 개혁에 참여한 대학에게 형벌을 가한다. 그는 1622년 대학을 예수회들이 관리하게 하였고, 예수회들은 끌레멘티눔^{Klementinum}에 있는 독일어 대학과 까롤리눔을 연합해 버렸다. 까렐 대학은 까렐-페르디난드 대학이라 개칭하고, 체코와 독일 파트로 나뉘어져 있던 1882년까지 독일 행정 아래 있었다.

까렐 대학은 제1공화국 시절인 1920년에 와서야 비로소 까렐 대학으로 재개편되었다.

까롤리눔

2. 성 하벨 교회와 멜란뜨리흐의 집

까롤리눔 앞마당으로부터 다시 오브츠니 뜨르흐^{Ovocní trh} 거리와 만나는 젤레즈나^{Železná} 거리 모퉁이로 가다가 거기서 오른쪽으로 본래의 대학 건물의 정면을 따라 돈다. 여기는 중세에 다양한 간이 점포들이 있던 고딕식의 회랑이 있던 곳이다. 후스주의 시대 말엽, 이곳에 서점이 있었는데 특히 프라하의 유명한 이지 멜란뜨리흐^{Jiří Melantrich}와 그의 이웃인 벨레슬라빈 같은 출판업자들이 성서를 팔던 곳으로 유명하다. 건물로 들어가는 유리문은 새롭게 고친 것인데, 마당 안쪽에 대학 가운을 입은 까렐 리디츠끼의 작품인 후스 조각상이 서 있다.

왼쪽으로 돌아 하벨스까^{Havelská} 거리로 가다가 50미터 정도 떨어진 곳에 보이는 성 하벨 교회^{Kostel sv. Havla} 앞에서 멈추어 보자. 이 교회는 보통 프라하의 다른 고딕 양식의 교회들처럼 바로크식으로 신축되었는데, 17세기 후반 반종교개혁 시대에 이 교회의 주인은 까르멜회 수도사들이었다. 입구 왼편 청동 현판의 기록을 보면 까렐 4세 재위 시절 체코종교개혁의 유명한 두 선구자가 이 교회에서 활동하였음을 알 수 있다. 이는 콘라드 발트하우저^{Konrad Waldhauser}와 크로미예지즈의 얀 밀리츠^{Jan Milíč}이다.

본래 독일의 아우구스틴 수도사였던 콘라드 발트하우저는 1358년 까렐 4세에게 부름을 받아 프라하에 살고 있는 많은 독일인들을 위해 '회개의 설교'를 하려고 비엔나에서 프라하로 왔다. 그는 설교 중에 프라하 전 계층의 사람들의 겉치레 신앙, 사치, 점점 늘어가는 악행을 강하게 비판하여 대단한 호응을 얻었다. 그는 자주 교회 앞 광장에서 설교했으나 로마 교황에게 그를 고발한 수도사들과 사제들의 강한 비난과 항의를 견뎌야 했다. 7년 후인 1365년, 성 하벨 교회에서 프라하 최고 교회인 '띤 앞의 성모 마리아 교회'로 옮겨 가 그곳에서 1369년 죽기 전까지 활동했다.

크로미예지즈의 얀 밀리츠는 하벨 교회에서 설교자로서 발트하우저를 대신하였다. 왕궁 사무실의 유능한 관리였고, 참사회원이자 부주교였던 밀리츠는 발트하우저의 영향으로 매력적인 세상의 직업들을 포기하고, 진정으로 하나님을 따르는 가난한 삶을 선택한다. 또한 그는 설교에서 성직자들 특히 수도사 계급을 포함한 부유층 내부에서 늘어나는 악덕을 강하게 비판하였다. 발트하우저의 죽음 이후 밀리츠도 친구들에게 독일어를 배워 띤 교회에서 설교를 했는데, 하루에 몇 번씩 할 때도 있었다. 1364년부터는 우리가 이제 가 볼 성 일리 교회가 그의 주요 활동 무대가 된다.

4반세기 후 성 하벨 교회에서 후스도 가끔 설교를 했고, 콘스탄츠 종교의회에서 후스를 고발한 사람들 중의 한 명이자 악명 높은 후스의 반대자 슈테판 팔레즈 Štěpán Páleč 도 1412년부터 이곳에서 설교를 하였다. 그는 후스의 순교 이후 체코 민족의 분노로 재빨리 폴란드로 도망갔다.

1421년 이미 하벨 교회는 이종성찬 교회로 속하게 된다. 오랫동안 이종성찬 교회의 지도자였던 바츨라프 코란다 믈라드쉬 Václav Koranda mladší 는 후스파의 다음세대 대표들 중 가장 두드러진 인물이었다. 그는 이종성찬 교회의 행정 관리자로 일하다가 얀 로키차나 Jan Rokycan 이후, 1519년에 이곳에 묻

성 하벨 교회

힌다. 그러나 교회 지하실에 있던 그의 유해는 재가톨릭화 시대에 제거된다. 가톨릭 왕 블라디슬라프 2세$^{Vladislav\,II}$ 야겔론스끼^{Jagellonský}는 성 하벨 교회에서 일하던 후스파 사제 바츨라프를 '주님의 몸' 날 행사 때 가톨릭 행렬에 끼어 성배주의자들의 데모에 참석했다는 죄목으로 잡아들여, 1480년 카를슈테인^{Karstejn} 황실 감옥에 감금시켰다. 그러나 하벨 교회는 빌라 호라 전투 때까지 이종성찬 교회로 남아 있었다. 마지막 개혁교회 사제 비트 야케쉬$^{Vít\,Jakes}$는 이 1621년 가을에 이곳에서 추방되어 유랑의 몸이 된다.

멜란뜨리흐의 집

다음에는 멜란뜨리호바Melantrichova라는 거리 이름이 붙여진 원인이 된 중요한 문화재인 멜란뜨리호 인쇄소가 있던 10번지 건물 앞에 잠시 멈추어 서 보자. 지금은 아래층은 음식점으로, 인쇄소가 있던 2층은 여행자 숙소로 바뀌었지만 과거 후스 시대에 체코어로 성서를 인쇄했던 유일한 개혁교도들의 인쇄소가 있던 곳이다. 종교개혁에 바탕이 될 수 있었던 인쇄술의 발달은 성직자를 통해 성경을 보는 것이 아니라 모든 사람이 볼 수 있게 되었다는 데 큰 의미가 있다.

> ### 이지 멜란뜨리흐
>
> 이지 멜란뜨리흐Jiří Melantrich (+1580)는 까렐 대학을 졸업하고, 비텐베르크에서는 필립 멜랑흐뜨호, 바젤에서는 도서 인쇄업자인 프로베니오Frobenio 같은 여러 외국사람에게서 계속 교육을 받았다. 프라하로 돌아와서는 소지구에 있는 이종성찬주의자였던 인쇄업자 바르따 네똘리츠끼Barta Netolický (+1552)와 손을 잡고 체코어 성서를 출판했다. 나중에는 이지 멜란뜨리흐를 '멜란뜨리색' 이라 불렀다. 멜란뜨리흐의 출판활동은 그의 사위이자 후스주의 역사가인 벨레슬라빈의 다니엘 아담Daniel Adam (+1599)과 그의 아들 아담 사무엘Adam Samuel (+1627)까지 계속되었다. 빌라 호라 전투 이후 개혁교도들의 인쇄소는 예수회에 의하여 파괴되었고, 끌레멘티눔에 있는 그들의 대학으로 이전되었다.

프라하 방문객들이 가장 많은 관심을 보이는 것은 무엇보다도 구시청사 남쪽에 있는 구시가 광장Staroměstské náměstí 천문시계일 것이다. 그곳을 찾아가 보자.

우리는 오른쪽으로 구부러져 있는 멜란뜨리흐라는 거리로 계속 걸어간다. 그 길은 중세풍의 좁은 길로 구시가 광장 길과 이어져 있다.

정교한 역학시계인 천문시계는 1410년에 만들어졌다. 이것은 15세기 말 하누쉬^{Hanuš}라는 장인에 의하여 재시공되었고, 나중에 몇 번의 공사를 더 거치게 된다. 천문시계는 크게 두 부분으로 나눌 수 있는데, 윗쪽의 숫자는 태양과 달의 궤도 및 매일의 시간(12궁도)을 나타내며, 아랫부분은 일년의 월과 날을 나타낸다. 1866년에는 여기에 요세프 마네스가 옛날 달력판 대신 12개의 원형그림(12달을 나타낸다)을 그려 넣은 신판으로 교체했다. 그 그림은 농촌에서의 농사 절기를 표현하고 있다. 후에 원판은 박물관에 보관하였고, 지금은 복사본으로 교체되었다. 1945년 5월 8일 프라하 봉기 당시 천문시계는 나치들의 폭격으로 인한 화재 때문에 심하게 훼손되어 다시 복원해야 했다.

천문시계는 매 시간 천문시계 윗부분의 작은 창이 열리면서 12사도들(수하르다^{Sucharda} 작품)이 움직이고 죽음을 상징하는 해골이 종을 친다. 허영에 가득 찬 사람이 거울을 보며 서 있고, 욕심 많은 구두쇠가 돈 자루를 흔들고 있으며, 투르크인은 이마를 찡그리며 머리를 흔든다. 마지막에 우리 인생의 시간은 매우 짧다는 것을 상기시키는 듯 닭이 울며 끝이 난다.

천문시계

3.
구시가 광장의
후스 동상

　구시가 광장에서 우리가 제일 먼저 가야 할 곳은 광장 북동쪽에 있는 후스의 동상이다. 이는 후스 화형 500주년에 세워졌는데, 여기에는 제1차 세계대전이 한창이었던 1915년, 전 체코인들의 재정적 헌신이 뒷받침되어 있다. 얀 후스 상은 마치 타오르는 불길 속에서 걸어 나와 상징적인 두 그룹 사이에 우뚝 서 있는 것 같은 형상이다. 그의 왼편에는 성배 문양이 새겨진 커다란 방패를 들고 있는 후스 전사들 그룹이 있고, 오른편에는 반종교개혁 시대 때에 조국에서 쫓겨난 추방자들 그룹이 웅크리고 있다. 그 뒤에는 얀 아모스 꼬멘스끼가 그의 작품 "유언"에 표현했던 희망을 상징하는 아이를 안고 있는 어머니상이 있고, 동상 뒤쪽에는 그의 말이 새겨져 있다.

　　"나의 민족이여 부디 살아남으십시오. 당신의 나라가 당신에게로 돌아올 것입니다."

　동상 앞면에는 후스가 콘스탄츠Konstanz 감옥에서 보낸 편지 "신실한 모든

후스 동상

체코인들에게"의 한 문구가 새겨져 있다.

"서로 사랑하십시오, 그리고 모든 이들에게 진리를 요구하십시오."

우리는 까롤리눔을 방문하면서 후스의 대학 내 활동에 관하여 살펴보았다. 그의 설교활동에 관한 자세한 사항은 이후에 베들레헴 채플$^{Betlémská\ kaple}$에서 좀 더 듣게 될 것이다. 후스에 관한 정신을 잘 나타내 주는 대표적인 사례로서 후스기념물을 제작한 작가 라디슬라프 샬로운$^{Ladislav\ Šaloun}$의 작품의 일부를 여기에 소개한다.

"강인했던 후스는 콘스탄츠의 화염 속에서 이전보다 더욱 강하게 깨어났다. 그의 육체는 타버렸지만 그의 정신은 살아남았다. 그의 명성은 체코 역사의 정신과 생명이 되었다. 후스의 순교로 인류는 진리로 향하는 길과 인식의 자유를 획득하게 되었다. 후스 봉기는 최초의 위대한 혁명이었고, 그 안에서 인류는 중세의 종교적 압제의 멍에를 벗어버릴 수 있었다. 이는 본질적이고 정신적인 선을 위한 작은 민족의 거대한 투쟁이었다. 새로운 삶으로 나가는 힘있는 첫걸음으로, 서방의 이 모든 근대적 진보는 여기에 빚을 지게 된 것이다. 작은 체코 민족은 이러한 진보를 홀로 이루어냈지만, 후에 실패의 뿌리도 함께 있었다는 것도 부인할 수 없다. 그들은 거대한 중세 유럽 가톨릭 세력과의 싸움에서 힘을 다 소진하고, 200년 후 결국 적들의 음모에 의해 1620년 마지막 공격에서 무릎을 꿇고 말았다."

4. 구시청사

후스 동상에서 구시청사로 돌아오도록 하자. 젤레즈나^{Železná} 거리 쪽으로 10미터 정도 내려와 광장 바닥에 철로 된 '프라하 정오선' 표식이 있는 곳에서 멈추도록 하자. 이로부터 몇 미터 아래의 둥근 돌은 이전에 '마리아 기념비'가 있었던 것을 의미한다. 이 두 표시는 프라하가 체코 개혁의 어머니라는 것을 상기시켜 주는 것이다.

까렐 4세 시기의 특징을 보여 주는 고딕식 채플과 퇴창(밖으로 튀어나온 창)이 있는 탑을 통해 구시청사는 체코종교개혁 시기에 중요한 위치를 차지하게 되고, 거기에서 많은 중요한 사건들이 발생했

얀 젤립스끼

음을 알 수 있다. 고딕식 퇴창 아래 있는 두 현판이 이를 잘 표현해 준다.

왼편의 작은 현판은 후스파를 이끈 사람 중의 한 명인 얀 젤립스끼^{Jan} ^{zelivský}와 관련된 내용이다. 그 내용인즉슨(사회주의 시절에 제작된) 젤립스끼를 "눈 속의 성모 마리아 교회의 설교자로서 사회 정의와 자유를 위해 싸운 프라하 급진적 후스파들의 대변인"으로 표현하고 있다. 왜냐하면 그가 프라하에서 감히 부르주아들의 반발에 대항하여 싸우다가 1422년 3월 9일 구시청사 앞마당에서 처형당했기 때문이다. 젤립스끼에 대해서는 신시가를 여행하며 더 많은 이야기를 듣게 될 것이다.

오른쪽 벽에 있는 큰 현판에는 반합스부르크 봉기를 주도하다가 1621년 6월 21일 시청사 앞에서 처형당한 27명의 이름이 적혀 있다. 맨 위가 독일 개혁교도의 리더였던 야힘 슐릭$^{Jachym\ slík}$(이에 관하여서는 살바또르 개혁교회 순례 때 자세히 알아보자), 두 번째로 체코형제단의 멤버이며 체코 개혁교도들의 리더였던 바츨라프 부도베쯔$^{Václav\ Budovec}$, 세 번째로 체코 이종성찬주의자 폴쥐체의 크리슈토프 하란트$^{Krystof\ Harant\ z\ Polzic}$가 적혀 있다. (이에 관하여서는 네 번째 구역인 말라 스트라나 구역에서 더 자세히 듣게 될 것이다.)

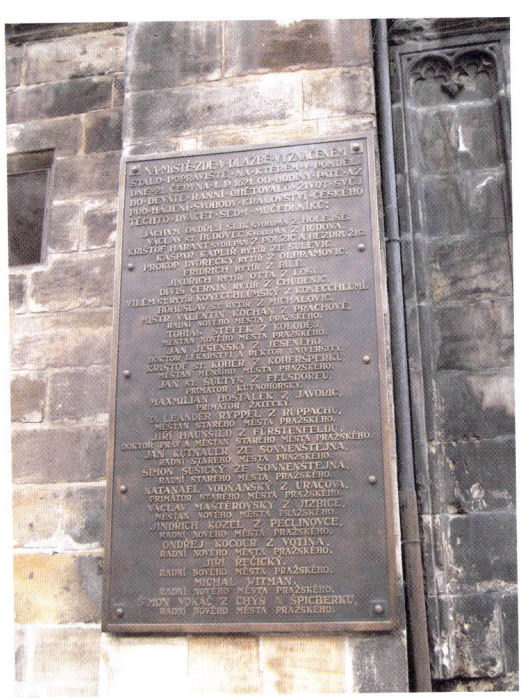

구시청사 처형자 명단 현판

> ### 반합스부르크 봉기기념 현판
>
> 기념 현판에 있는 이름들을 주의 깊게 살펴보면 흔히 말하는 '27인의 체코 귀족 처형'이라는 표현 대신에 위에 언급한 세 명의 귀족 이외에 '7인의 기사들 그리고 프라하를 대표하였던 17인의 시민들의 처형'으로 바뀌어야 한다는 것을 알게 될 것이다. 민족을 이야기하자면(이러한 구분은 그 당시에는 특별한 의미가 없었다.) 처형당한 사람들 중에는 5명의 독일인들이 있었다. 종교적으로 구분하면 16인의 이종성찬주의의 후스파 사람들, 7인의 형제단, 4명의 루터교도가 있었다. 이들과 함께 가톨릭인이었던 후데니체의 디비쉬 체르닌$^{Diviš\ Černín\ z\ Chudenic}$도 처형당하였는데, 1618년 프라하성에 침입하여 왕의 총독들을 창문 밖으로 던져버린 죄목이었다.

구시가에 있던 처형장은 27개의 십자가 모자이크로 돌길 위에 표시되어 있다. 가시관이 있는 교차된 칼의 형상은 우리에게 처형방법을 떠오르게 한다. 전해지는 이야기에 의하면 처형자 카트 미들라즈$^{Kat\ Mydlář}$는 4개의 칼과 다른 기구들을 사용했음에도 불구하고 새벽 5시에서 9시까지 4시간이 걸렸다고 한다.

시청 감옥은 많은 이들이 자주 사용하였다. 얀 젤립스끼의 추종자들뿐 아니라 이종성찬주의자들의 대표들, 이를테면 프라하띠체의 크쥐슈딴$^{Kristan\ z\ Prachatic}$, 성 미할 교회의 믈라도뇨비체의 뻬뜨르$^{Petr\ z\ Mladoňovic}$, 성 일리 교회의 프지브람의 얀$^{Jan\ z\ Přibram}$, 쁠젠의 프로코프$^{Prokop\ z\ Plzně}$도 한때 이곳에 감금되었다. 1452년에는 급진적 따보르파의 일원이었던 쁠젠의 바츨라프 코란다 스따르쉬$^{Václav\ Koranda\ starší}$도 역시 이곳에 있었다. 또한 프로테스탄트 대표자들은 1621년 처형당하기 전날 밤을 이곳에서 보낸다. 신 이종성찬주의자들도, 루터교도들도 자신들의 신앙고백에 따라 신앙적 힘을 불어넣어 줄 성직자를 부를 수 있었으나 형제단 지도자들에게는 그들의 성직자들을 부르는 것이 허락되지 않았다. (바츨라프 부도베쯔는 예수회 고해신부들을 불러 주겠다는 제안을 거절하였다.)

후스 시대에 시청사의 큰 회의실에서는 이종성찬 교회 성직자 회의가 열렸고, 종교의회 선거도 이루어졌다. 지역 영주였던 뽀데브라디의 이지$^{Jiří\ z\ Poděbrad}$를 체코 왕으로 선출하였던 1458년의 선거가 이곳에서 열린 가장 중요한 행사였다. 시청사 큰 회의실에 콘스탄츠 종교법정 앞에 서 있는 얀 후스의 그림 옆에 있는 바츨라프 브로직의 그림이 이러한 사실을 입증해 준다. 오늘날 큰 회의실이 있는 시청 부분(넓고 화려한 창문 때문에 쉽게 알아볼 수 있다.)은 전에 베들레헴 교회의 공동 창립자이자 상인이었던 바츨라프 크쥐즈$^{Václav\ kříž}$의 집이기도 하다. 얀 후스도 손님으로 가끔 이 집에 머물렀다. 이 집은 1461년 시청으로 편입되었다.

구시청사

5. 성 미꿀라쉬 교회와 구시가 주변

구시가 광장에서는 광장 북동쪽에 위치하고 있는 유명한 종교개혁의 과거를 가지고 있는 웅장한 바로크 건물, 성 미꿀라쉬 교회(영어로 니콜라스, 구시가지의 이 교회는 말로스트라나의 같은 이름의 교회와는 다르다.)가 눈길을 끈다.

같은 이름의 첫 번째 고딕 양식 교회는 1230년 뽀지츠^{Poříč} 근처에서 구시가^{Staré Město}로 옮겨 온 독일 상인들에 의해 세워졌다. 14세기에 교회당은 정면의 첨탑과 세 개의 네이브(nave, 가톨릭 교회당 건축에서, 좌우의 측랑 사이에 끼인 중심부)을 가진 형태로 재건축되었으며, 띤 앞의 성모 마리아 교회의 건축이 완성될 때까지 구시가 교구교회로 사용되었다. 까렐 4세 시대인 1364년 이후 성 일리^{Jiljí} 교회의 얀 밀리츠^{Jan Milič}가 여기서 자주 설교하였는데, 그는 대학 내 교구로서 체코와 독일 두 민족의 지식인을 위해 라틴어를 사용했다(베들레헴 채플이 세워지기 전이다). 더구나 까렐 4세 통치 시기에는, 초기 체코 개혁시기의 또 다른 신학자이면서 설교가인 크로미예지즈의 얀 밀리츠^{Jan Milič z kroměříže}의 충실한 제자이자 추종자인 야노보의 마떼이^{Matěj z Janova}(+1389)가 1381년부터 계속해서 활동하였다.

> ### 야노보의 마떼이
>
> 야노보의 마떼이는 따보르 지역의 신자였으며 파리에서 신학을 공부하였고 거기서 9년간 학업한 후 석사학위를 취득하였다. 그때부터 그의 별명은 '파리 선생'이었다. 프라하에서 그는 비록 교회의 직책을 맡지 못하였으나 겸손하고 매우 학식 있는 신학자로 활동하였는데, 까렐 시대 때 유명한 개혁파 설교가이면서 소설가인 예쇼보의 보이떼흐 란느꼬바M. Vojtěcha Raňkova z Ježova, †1388에게 물질적인 지원을 많이 받았다. 성 미꿀라쉬 교회의 설교가로서 마떼이는 신부와 수사들을 비판하여 그들로부터 많은 비난과 저항을 받으면서도 성경에 의한 하나님 말씀의 순복과 성만찬의 거룩한 공동체를 위해 헌신하였다. "신구약 성경의 법칙에 대하여"O pravidlech Starého a Nového zákona라는 라틴어 작품들이 그의 열성 어린 성경연구의 결과였다. 그리하여 후스Mistr Hus와 야꼬우벡Jakoubek에 의해 이루어진 종교개혁의 신학적 토대를 세우는 데 도움을 줄 수 있었다. 그의 구호는 "선한 삶을 위해 기독교인이 필요한 모든 것은 성경 안에 있다!"라고 했다. 그래서 그는 우상화된 성화와 성자들의 유품을 거부하였으며, 이로 인해 교회 지도층은 그를 싫어하게 되었다.

종교개혁 시대에 미꿀라쉬 교회당은 1415년부터 후스파 이종성찬지지자들에게 사용되었다. 1537~1552년까지 개혁파 종교의회dolní konzistoř의 책임자가 된 얀 미스또폴Jan Mystopol은 이후에 성직자들 사이에서 두각을 나타냈다.

이종성찬주의자들의 교회의 마지막 사제인 빅토린 브르벤스끼Vikorin Vrbenský는 구시가 광장에서 사형집행(1621년 빌라 호라 전투 이후 개혁교도의 처형을 말함.)을 당하기 직전의 사형수에게 시청 감옥에서 성만찬 집례를 허락한 사제들 가운데 한 사람이었다. 얼마 후 그는 다른 개혁파 설교가들과 마찬가지로 프라하로부터 추방되었다. 교회당은 반 종교개혁 시대 때 베네딕트 수도회에 넘겨졌고, 그들은 거기에 수도원을 새롭게 덧붙여 세운다. 1650~1660년에 교회당은 바로크 양식화되었고, 1732년에 파괴되었다가 1735년에 재건이 완료되어 오늘날까지 바로크 양식을 유지하고 있다. 미꿀라쉬 교회당의 재난은 이외에도 많았다. 요세프 2세Josef II의 개혁 시대 동안 이곳은 다른 교회당들과 수도원들처럼 폐쇄되었고, 1865년부

미꿀라쉬 교회당

터는 콘서트 홀로 사용되었다. 1914~1916년까지는 식당으로 사용되었으며 동방정교회에게 사용권이 넘겨졌다. 1920년부터 비로소 체코슬로바키아 후스 교단$^{\text{Církev československé husitské}}$이 프라하와 전국 교회의 본부로 이제까지 사용하고 있다.

미꿀라쉬 교회당으로 들어가는 중앙문은 다른 쪽(서쪽)에 있다. 왼쪽으로 돌아가 보자. 이 뒤편 교회당은 후에 시민들의 거주 주택으로 변경된

베니딕트 수도원 건물들과 연결되어 있다. 소위 '탑 옆에'로 불리는 그 건물의 끝에 독일 출신의 유명한 유대인 소설가 프란즈 카프카$^{\text{Franz Kafka}}$(1924)가 태어났다. 그 집은 1902년에 다시 현재의 모습으로 재건되었다. 유명한 소설가의 흉상이 있는 문화재 표시판이 그 집을 장식하고 있다.

구시가 광장으로부터 성 미꿀라쉬 교회당을 따라 프라하 성 방향으로 말레 광장$^{\text{Malé náměstí}}$(번역하면 '작은 광장'이다.)을 거쳐 까렐 다리 쪽으로 끄랄로브스까 쩨스따$^{\text{Královská cesta}}$(번역하면 '왕의 길'이다.) 거리가 있다. 우리들의 첫 번째 도보여행은 여기서부터 300미터도 떨어져 있지 않은 베들레헴 채플$^{\text{Betlémská kapel}}$로 향하는데, 그쪽으로 가면서 매우 흥미 있는 오래된 샛길과 골목길들을 거쳐 가게 된다.

말레 광장

우 라드니쩨^{U Radnice} 거리 쪽 남쪽방향으로 돌아 들어가면, 프라하의 가장 오래된 장터 말레 광장(작은 광장)을 통과하게 된다. 광장 중앙에는 16세기 중엽의 녹색 르네상스 철망이 있는 오래된 우물이 있다. 그 주변

우 빌레호 르바

의 집들은 아직도 로마네스크 양식의 지하실을 잘 보존하고 있다. 그 작은 광장에서 오른편으로 특별한 문화재 주택 우 빌레호 르바^{U Bílého lva}(번역하면 '흰 사자의 집'이다.)가 있는데(2 / 143호), 로코코 양식의 정면과 후기 고딕 양식 문 입구 위에 사자가 있는, 작은 용마루 장식을 볼 수 있다. 이 집은 후스개혁 시대인 1487년, 프라하의 첫 번째 체코 책 「다윗의 시편」^{Žaltář Davidův} 이 인쇄되었고, 1488년에 소위 프라하 성경^{Bible pražská}이 출판된 캄프^{J. Kamp}의

흰 사자 용마루 장식

인쇄소가 있었다. 이는 두 명의 이종성찬주의자들의 노력으로 이루어졌다. 한 명은 이 집의 주인인 마떼이^{Matěj} 상인이고, 또 한 명은 옆집 주인인 얀 삐뜰릭^{Jan Pytlík}

이었다. 또한 다른 두 명의 후스주의자들도 출판을 지원하였다. 프라하의 첫 번째 체코어 성경 출판 이후 반세기 뒤에 얀 멜란뜨리흐$^{\text{Jan Melantrich}}$와 그의 동업자들이 참가하였다. 16세기에 '우 빌레호 르바' 집은 유명한 후스파 소설가이자 번역가인 책 출판업자 호디슈뜨꼬보의 미꿀라쉬 꼬나츠 $^{\text{Mikuláš Konáč z Hodistkova}}$(1546)의 소유가 되었다.

말레 광장에서 계속해서 남쪽으로 11 / 459호 건물의 통로로 걸어간다. 오늘날 라흐떼르 부부의 나다츠니 둠(복지단체의 집)으로 알려진 그 집은 입구에 있는 두 개의 기둥 때문에 쉽게 눈에 띈다. 전시공간의 낮은 마당을 가로질러 미할스까 거리$^{\text{Michalská ulice}}$와 만나는 출구로 나온다. 여기서 바로 왼쪽으로 돌아가면 종교개혁의 역사가 있는 유명한 유적지 앞마당으로 통하는 짧은 샛길을 통과하게 된다.

6.
성 미할 교회

　마당의 왼쪽(북쪽)에 있는 신르네상스 양식의 건물은 오늘날 식당으로 바뀌었지만 성 미할 교회당이었다. 성 미할 교회당은 얀 후스 시대부터 유명한 장소이며 많은 역사를 안고 있다.

　후스^{Hus}는 베들레헴 채플에서 일하기 전인 1311년부터 원래 고딕 양식의 성 미할 교회당에 자주 초빙받아 설교를 하였다. 당시 주임신부는 '십자군 기사단' 수도회 소속 즈데라즈의 베르나르드$^{Bernard\ ze\ Zderazu}$였다. 후스와 예로님^{Jeronym} 두 사람은 이 교회에서 대학의 다른 선생들과 만나 영국의 종교개혁자 존 위클리프$^{John\ Wycliffe}$에 대해 토론을 하였다. 1399년 여기서 후스는 위클리프의 몇몇 논문에 대해 폭넓은 대화를 나누었다.

　후스와 같은 고향 출신이며 신실한 친구인 프라하띠체의 크쥐슈딴$^{M.\ Křišťan\ z\ Prachatic}$(1439)이 1406년부터 성 미할 교회에서 활동하였다. 그는 1411년 3월 15일 자신의 교회에서 열린 후스 파문에 대한 논의를 용감하게 거부하여 프라하 시민들의 커다란 신망을 받았다. 후스 혁명 이후 그는 이종성찬주의자들에 의해 프라하 종교의회(꼰지스또즈)의 초대 책임자가 되었다. 그리고 그는 까렐 대학에서 학생들을 가르치기도 했는데, 1412년에 교수회의에서 후스에 이어 교수회의에서 총장에 선출되었다. 총장으로 재직 중에 그는 성 미할 교회와 대학을 오가며 면죄부 판매 반대를 목표로 하는 학구적인 토론을 계속하였다.

벽 속의 마르띤 교회Kostel u Martina ve zdi에서 이종성찬의 성만찬 시행 직후인 1414년 가을에, 성 미할 교회에서도 같은 성만찬이 시행되었다. 이종성찬의 주요 창시자 야꼬우벡Jakoubek도 그 당시 이곳에서 자주 설교를 하였다.

1415년 봄, 성 미할 교회의 크쥐슈딴은 체포된 후스를 만나러 콘스탄츠Konstanz(후스의 종교재판이 열린 도시이며 독일남부의 스위스 국경을 접하는 도시)로 떠났으나, 거기서 그도 역시 수감되었다가 후스의 화형 직전에 풀려나 프라하로 돌아온다. 크쥐슈딴이 죽은 뒤에는 성 미할 교회에서 믈라도노비체(또는 믈라데노비체)의 뻬뜨르M. Petr z Mladonovic 또는 Mladenovic (+1451)가 12년간 사제로 활동하였다. 대학에서 후스의 유능한 제자였던 그는, 1414년 가을 콘스탄츠 종교회의 후스 동반자들 가운데 한 사람이었으며, 까렐 대학의 동행단 대표였던 흘룸의 귀족 얀Jan z Chlumu의 비서였다. 그는 서기로, 외교관으로 일하였으며, 대표단을 위해 많은 서류를 작성하였다. 콘스탄츠에서 후스가 체포된 후, 뻬뜨르는 그가 처형되지 않도록 도왔으나, 이에 어떠한 공개적인 지지도 얻지 못하였다. 감옥에서 뻬뜨르는 자신의 선생들에게, 그리고 친구들에게 다방면으로 도움을 호소하였으며, 콘스탄츠 화형장에까지 후스와 동행하였다.

> **후스 화형의 목격자-믈라도노비체의 뻬뜨르**
>
> 믈라도노비체의 뻬뜨르는 콘스탄츠에서 프라하로 돌아온 후, 후스에게서 일어난 사소한 모든 사건들의 목격자로서 "콘스탄츠에서의 얀 후스 선생의 소식"M. Jana Husov z Kostnice이라는 체코어 제목의 라틴어 연대기를 발간하였다. 마지막 부분에는 선별된 후스의 편지들과 함께, 프라하 후스파 교회들이 얀 후스 화형기념일마다 읽는 "후스의 고난"이 사본으로 첨가되어 있다.

성 미할 교회

   대학 교수로 임명된 이후, 뻬뜨르는 후스파의 혁명 시기에 온건파 이종성찬 지지자들의 입장에 섰다. 1420년 말 급진주의적인 따보르파 대표들과의 신학적 논쟁에 참석하였으며, 1426~1427년에 철학부 학장이 되었고, 1440~1441년까지 크쥐슈딴의 후임으로 총장이 되었다. 후에 얀 로키차나의 후스파 노선에 접근하여, 로키차나의 프라하 대주교 승인에 대한 로마교황청과의 협상 외교관으로 활동하였다(두 번째 구역-5).

   후스파 시대 초기에 미할 교회에는 극적인 사건들이 있었다. 그 사건은 비뜨고바 호라 Vítková hora (프라하 까를린에 있는 말 동상이 있는 산)에서 지그문드의 십자군을 물리치면서 이룬 첫 번째 대승리 직전에 일어났다. 1420년

049

7월 15일 공포로 뒤덮여 있을 때 따보르파의 귀족 바츨라프 코란다[V. Koranda St.]가 교회당으로 말을 타고 들어왔다. 그는 교회당의 긴 좌석 의자를 떼었고, 이것으로 비뜨고바 산에 적군의 공격에 대항하기 위한 튼튼한 바리케이트를 설치했다.

믈라도뇨비체 이후, 미할 교회의 책임자는 종교개혁 발전에 크게 의미가 없는 대체로 온건한 구 이종성찬주의자였다. 그러나 교회는 200년이 넘게 후스파 개혁과 관련이 있었다. 빌라 호라[Bílá hora](백산에서 벌어진 가톨릭파와 개혁파 간의 전쟁을 의미함.) 이후, 교회는 아일랜드 수도회로 넘겨졌고, 그들은 교회를 바로크 양식으로 재건축하여 수도원으로 운영하였다. 요세프 황제 개혁 시대인 1789년에 수도원은 폐쇄되고, 교회당은 창고로 변경되었다. 그 후 200년 간, 두 건물들은 완전히 황폐화되어 고문서 창고로 사용되었다. 최근 1990년대에 많은 비용을 들여 프라하 시가 문화적인 목적을 위해 교회당을 식당으로 개조하였다. (그 공간에서 카프카가 이해한 프라하 역사를 설명하는 "성 미할의 비밀"이라는 문화 시청각 프로그램이 상영되고 있다.)

옛날 주인들의 이름이 있는 문화재 기념판

미할 교회당 마당에서 북쪽 통로에서 다시 멜란뜨리호바 거리로 다시 나오게 되는데, 여기서 미할스까[Michalská] 거리로 돌아간다. 왼쪽(남쪽 방향)으로 20미터쯤 가서 오른쪽으로 돌아 우 젤레지흐 드베지[U zelezých dverí](초록 대문집) 19/436호 집으로 들어간다. 마당을 가로질러서 옛날 주인들의 이름들이 있는 커다란 문화재 기념판 곁에서 잠시 멈추어 보자. 그 이름들 가운데 종교개혁 시대에 살았던 두 개의 이름이 있다. 하나는 '시와 종교 권리 변호사'였던(루터 종교개혁의 영향이 미치던 당시 프라하 신 이종성찬주의자 대변인이었다.) 리보슬라브의 얀 흘라브사$^{\text{Jan Hlavsa z Liboslav}}$ (1534)이고, 다른 하나는 체코 반합스부르크 혁명에 참가한 프라하 이종성찬주의자의 유명한 교인인 얀 슈짜스뜨니 골리아쉬$^{\text{Jan šťastný Goliáš}}$로, 그는 '생명과 재산 몰수' 형을 언도받았으나 사형 전에 외국으로 도망하였다.

'우 젤레지흐 드베지'(초록 대문집) 안마당에서 일스까^{Jilská} 거리로 내려오면, 오른쪽으로 약 50미터쯤 가서 왼쪽으로 돌아 야로브초바^{Jarovcová}라는 좁은 골목길을 만난다. 여기서 도미니카 수도원의 높은 벽을 따라(왼쪽 편에 있는)

우 젤레지흐 드베지

우 펠리카나

후소바^{Husová} 거리와 만나는 코너까지 걸어간다. 후스파 시대인 1448년에 뽀데브라디의 이지^{Jiří z Poděbrad}가 국내 왕으로서 불안한 프라하를 통치하고 있을 때 그의 첫 번째 프라하 거주지였던 '우 펠리카나'^{U Pelikána}가 왼편에 서 있다. 5년 뒤 그는 이 집을 팔고, 여기서 멀지 않은 제띠에조바^{Petěžová} 거리에 있는 상속받은 군슈따드의 집으로 이사하였다(네 번째 구역 - 1).

반대편 모퉁이(후소바 거리 10호)에는 체코 캠페인(체코 문화전통 정신 등을 보호하고 알리는 일)의 소재로 등장한 집이 있는데, 그곳에는 바츨라프 마떼이 크라메리우스의 문화재 기념판이 있다.

바츨라프 마떼이 크라메리우스

바츨라브 마떼이 크라메리우스 Václav Matěj Kramerius(+1808)는 프라하의 기자로서 민속잡지와 책들을 발간하였고, 체코종교개혁 역사에 많은 관심을 갖기 시작한 체코 애국과 계몽의 시대의 주인공들 가운데 하나였다. 그는 요세프 2세 Josef II의 황제헌장에 관한 서적들(요세프의 책, 관용의 달력)을 발간하기 좋아하였으며, 개혁교도에 대한 관용에 공감을 공개적으로 표현하였다. 또한 그는 개혁교도들의 책들을 매우 높이 평가하였으며, 특별히 끄랄리츠까 성경 Kralická Bible을 그중에서도 더 높이 평가하였다. 체코 관용의 교회로 파송한 헝가리 출신의 개혁교도의 설교자들의 설교 통역을 도왔으며, 그들을 위해 기도문, 예배예전서, 그리고 심지어 칼빈의 신앙고백 번역서를 출판하였다.

크라메리우스 문화재 기념판

7. 성 일리 교회

　후소바 거리^{Husová ulice}에서 도미니크 수도원을 따라 북쪽으로 고딕식 성 일리 교회의 개축된 바로크 양식 입구까지 약 100미터 정도 걸어가 보자. 이곳은 1339년에서 1371년 사이에 주교였던 드라쥐체의 얀^{Jan z Dražíc}과 첫 대주교였던 빠르두비체의 아르노슈트^{Arnošt z Pardubic}의 지시로 지어진 로마네스크 양식의 채플이 있던 곳이다. (두 설립자의 방패형 문장이 교회 정면에 있다.) 높은 아치형 지붕 밑 왼편에 있는 기념 현판에 의하면 이곳에서 1364~1374년까지 10년 동안 크로미예지즈의 얀 밀리츠^{Jan Milíc z Kromeříže}(성 하벨 교회에서 개혁 설교를 시작함.)와 반세기 이후 이곳에서 밀리츠의 활동을 정리하였던 탁월한 후스주의 이론가 프지브람의 얀^{Jan z Příbramě}이 활동하였음을 알려 준다.

> **얀 밀리츠**
>
> 얀 밀리츠는 그 당시 이 교회 설교실에서 '불 같은 언어'로 신자들을 감동시켰다고 한다. 슈띠뜨니의 토마쉬^{Tomáš ze Štítného}도 이에 관하여 열정적으로 증언하였다. 이윽고 밀리츠는 베들레헴 채플 신축공사를 마무리지었을 때였던 1394년, 프라하에 그의 가족을 정착시키게 된다. 이곳

> 에서 밀리츠는 그리 멀지 않은 곳에 있던 '베니스'라는 지역의 매춘녀들에게도 큰 영향을 끼친다. 결국 1372년 신학교 학생들을 위한 사제들의 집 옆에, 성 막달라의 마리아 채플도 포함하여 회개하는 여인들을 위한 임시 보호소 '예루살렘'Jeruzalém을 세운다. (콘빅트스까 Konviktská 거리 근처에 있는 오늘날의 콘빅트Konvikt 지역에 위치하였다). 이 두 건물 안에 성찬식의 중요성을 강조하는 신자들의 기도공동체가 생겨났다. 이 단체활동은 베들레헴 채플 완공 이후에도 계속되었다.

1370년부터 밀리츠는 성 미꿀라쉬 교회에서는 라틴어로, 띤 앞의 성모 마리아 교회에서는 독일어로, 주일뿐 아니라 매일 규칙적으로 설교하였다. 이와 동시에 그는 악한 성직자들과 수도자들을 비판하고, 세속화된 교회를 개혁하기 위해 종교회의를 열 것을 주장하였기 때문에 이단으로 몰려 체포당한다. 1374년 8월에 로마와 아비뇽의 교황 앞에서 밀리츠는 자신을 변호해야만 했다. 그의 '예루살렘' 건물들은 이듬해 시토 수도회 기숙사로 주어진다.

프지브람의 얀은 후스운동 초기부터 온건파 이종성찬주의자의 주요 인물이었다. 그는 급진파 얀 젤립스끼와 나중에 따보르파의 일원이 되는 영국인 피터 페인P. Payn의 철저한 반대자였다. 얀은 까렐 대학에서 강의하기도 하였는데, 나중에는 철학부 학장이 된다. 1420년에 그는 야꼬우벡과 함께 '프라하 4개 조항'을 기초하는 데 참여한다.

1436년 야꼬우벡의 뒤를 이은 베들레헴 채플의 관리자요, 설교자였던 드라호프의 바츨라프Václav z Drachova를 지그문트 황제가 파면시키자 얀은 일시적으로 베들레헴 채플의 관리자가 된다. 바츨라프는 뽀데브라디의 이지 정권이 되어서야 교회로 돌아올 수 있었고, 1437년 프지브람의 얀은 바젤 종교회의의 후스파 대표단 중 하나가 되어 거기서 얀 로키차나를 도와 성찬식 개혁의 정당성을 계속 주장한다. 1439년에는 개혁파 종교의회에서 후스파 집행부의 행정관리자로 임명된다. 행정관리자로 활동하면서 로키차나^(M. J. Rokycana) 대주교를 도와 바젤 선언의 내용을 교황이 정식으로 승인하도록 온건하게 압력을 행사하는데, 이러한 노력은 1448년 그가 사망할 때까지 계속되었다.

블라디슬라브 2세 집권 시절, 성 일리 교회에 미할 뽈락이라는 폴란드 출신 후스파 사제가 있었다. 그는 까렐 대학을 졸업한 훌륭한 신학자였고, 열정적인 설교가였으며, 이종성찬 교회의 대표적인 인물이었다. 1480년에 그는 이종성찬주의자들의 폭동에 참가했다는 이유로 다른 두 명의 후스파 사제들과 함께 까를슈떼인 황실 감옥에 감금된다.

1420년부터 빌라 호라 전투가 있던 1620년까지 성 일리 교회는 프라하에 있는 이종성찬주의자들의 중요한 요새 중 하나였다. 그 전쟁 시기에 하벨 잘란스끼가 성 일리 교회의 사제로 재직하였다. 빌라 호라 전투에서 개혁교도들의 패배에도 불구하고, 그는 사망할 때까지 그의 설교에서 후스나 예로님의 사상을 전파하는 데 주저하지 않았다. 그의 뒤를 이었던 얀 루냐치우스 도마즐리츠끼^(Jan Luňacius Domažlický)도 1621년 12월 프라하로부터 추방당할 때까지 용감하게 행동하였다.

반종교개혁(재가톨릭화) 기간 중인 1733년, 교회 내부는 바로크 양식으로 개축되었다. 특히 남쪽에서 볼 때 웅장한 고딕 양식의 교회 외부와 그 옆에 이어져 있는 도미니크 수도원은 오늘날까지 우리에게 감동을 주고 있다.

성 일리 교회에서 '체코개혁의 요람'이라고 이름 붙여진 베들레헴 채플까지는 아주 가깝다. 오른편에 초기 체코기술대학^(První česká vysoká škola technické) 건물을 지나, 위로 계속 후소바 거리까지 올라가 보자. 예전 자료들에 의하면 이전에는 거리 오른편에 2개의 학교 건물이 더 있었다고 한다. 후스 시기에 오늘날 3/238번지 건물 뒤에 고딕식 저택이 있었는데, 이 건물과 다른 땅 일부가 베들레헴 채플 공동 설립자였던 바츨라프 크쥐즈$^{Václav\ Kříz}$ 상인의 소유였다고 한다. 1419년 크쥐즈는 이 집을 베들레헴 기숙사에 기증하였다. 그 이후, 나자렛 기숙사$^{Nazaretská\ kolej}$라 하여 후스 신학부생을 위한 건물로 쓰였다. 1954년 베들레헴 채플이 개축된 후, 원래 기숙사 건물이었던 고딕 부분을 1960년에 재건축하여 박물관으로 용도를 변경하였으며, 이와 동시에 베들레헴 채플로 이어지는 회랑도 공사하였다. 오늘날 이 부분은 베들레헴 광장으로부터 들어오는 입구가 되었다.

베들레헴 광장 코너 쪽 바로 옆, 지금의 2 / 352번지 집 자리에는 1451년부터 마떼이 라우다$^{Matěj\ Lauda}$라는 사람이 이종성찬 사제들의 교육을 위하여 지은, 아뽀슈똘^{Apoštol}(사도)이라 불렸던 또 다른 후스파 기숙사가 있었다. 이제 우리는 광장 코너에서, 신축한 베들레헴 채플의 정면을 보게 된다.

8.
베들레헴 채플

　베들레헴 채플은 1391년 5월 24일에 건축이 시작되어 1394년에 완성된다. 바츨라프 4세의 독일인 궁정기사였던 밀하임의 얀$^{Jan\ z\ Milheimu}$ 독일 원명은 '폰 뮐하임')이 채플의 건축비를 담당하고, 부유한 상인이며 프라하 시의원이었던 바츨라프 크쥐즈$^{Václav\ Kříž}$가 땅을 기부하였다. 이 두 사람은 프라하 지역에 오직 설교만을 위한 예배처를 설립하고자 했던 밀리츠와 마떼이의 소망을 이루는 데 한몫했던 것이다. 그러나 기증받은 토지가 건물을 짓기에 충분하지 않아 근처 공동묘지였던 자리와, 지금은 채플 안에 자리하고 있는 공동 우물이 있는 공유지를 좀 더 구입해야 했다.

　채플의 모양은 15개의 기둥이 지붕을 떠받치고 있고 3,000명의 청중들이 들어갈 수 있는 커다란 강당(개혁운동의 적들은 이 강당을 창고라고 하였다.) 같은 고딕식 구조물은 밀하임이 기초한 선언문의 내용대로 사용되어야 했다. 선언문의 내용은 다음과 같다. "베들레헴, 번역하면 떡집이라는 뜻으로, 일반인이나 그리스도를 믿는 이들이 신성한 설교 말씀으로 충만해지는 곳이다." 그곳은 '베들레헴의 성인들', 즉 학생들과 제자들의 후원자들에게 헌정되었으며, 그래서 대학과 연결될 수밖에 없었다. 까롤리눔의 세 명의 원로교수들과 프라하 시장은 채플 설교자들의 약속에 당황하였다.

베들레헴 채플은 교구교회로서의 의무나 권리가 없었으므로, 단지 설교관으로서의 임무를 충실히 수행할 수 있었으며 체코 개혁의 선구자가 될 수 있었다. 얀 쁘로띠보프 사제[Jan Protivov](1396년까지)와 꼴린의 슈떼판[Štěpán z Kolína](1402년까지) 이후, 얀 후스[Jan Hus]가 대학에 의해 채플의 설교자로 선출된다. 대학에서 논의되어 온 개혁에 관한 그의 설교에 청중들의 관심이 증가하면서, 그는 자신의 역할을 잘 수행할 수 있었다. 초기에는 1408년까지 영국의 종교개혁가 존 위클리프[John Viklef]의 사상을 바탕으로 프라하의 신학자들을 개혁하였고, 후에 프라하의 개혁신학자 밀리츠[Milíč]와 야노프의 마떼이[Matěj z Janova]의 사상에 따라, 교황이 지배하는 교회를 성서에 입각하여 날카롭게 비판하였다. 나중에 그는 전쟁자금을 모으기 위한 면죄부 판매에 저항하였다.

> **후스의 교회의 혁신**
>
> 설교할 때에는 배운 사람들이든 못 배운 사람들이든, 모든 계층의 청중들이 후스와 함께 완벽하게 하나가 되었다. 소피에 여왕[Královna Žofie]도 설교하는 곳에 기사 얀 쉬시까[Jan Žižka]를 동반하고 오기도 하였다. 후스의 설교를 듣고자 하는 사람들의 숫자가 늘어나는 만큼, 신자들의 감소를 경험하는 다른 교회들의 불만도 늘어났다. 후스는 교회에 몇 가지 새로운 혁신을 시도하였는데, 교회의 그림들과 조각상들을 십계명과 사도들의 간증, 찬송가 가사들로 교체시켰다. 또한 예배시간에는 직접 만든 찬송가를 함께 불렀다.

후스는 교황의 파문에도 불구하고 설교와 교육활동은 계속되었으나 프라하에 성무금지령(1412년 9월 모든 종교활동 금지)이 내려지자 시골로 내려간다. 그는 그곳에서 종교재판에 참석하기 위하여 콘스탄츠로 떠나는

1414년까지 좀 더 넓은 하늘 아래에서 설교를 하였다. 또한 그는 그 시기에 중요한 글들을 완성하였다. "주님을 증언하라. 필요하다면 그의 신실하신 말씀을 위해 죽음도 견뎌라."

조금 더 덧붙여, 후스의 불명예스러운 죽음에 분노한 체코 귀족들은 1415년 9월 2일 452명의 서명을 첨부한 항의 서한을 콘스탄츠에 있는 종교의회에 보낸다. 이는 로마가톨릭 지배 권력에 대한 첫 번째 저항이었으며, 체코 개혁교도들의 진정한 외침이었다.

후스의 순교 이후(1415년 7월 6일), 베들레헴 채플의 설교단은 그 당시에 대학 총장이었던 스뜨지브로의 야꼬우벡이 물려받는다. 그는 모든 신자들이 성만찬 때마다 성찬잔을 받을 수 있는 개혁 프로그램을 실현시키는 데에 드레스덴의 사제들, 특히 미꿀라쉬^{M. Mikuláš} 사제의 지원을 바탕으로 성공하였다. 콘스탄츠 감옥에 수용되어 있던 후스의 동의 이후, 야꼬우벡은 이웃에 있는 벽 속의 마르띤 교회^{Kostel Martina ve zdi}에도 이종성찬의 성만찬을 적극 권유한다. 베들레헴 채플에서 성찬잔을 사용하는 것은 교회의 최고 권위자가 로마 교황이 아니라 예수 그리스도라는 체코 종교개혁의 신념을 확연히 보여 주는 사건이었고, 후스는 구세주이자 최고 재판관이신 그분에게 자신의 고난을 호소하였다. 야꼬우벡 이후로 베들레헴 채플의 새로운 설교자는 드라호프의 바츨라프^{Václav z Dráchova}가 되었다. 그러나 1436년, 립빤 전투 이후 지그문트 황제는 프라하에서 그를 추방시킨다. 1448년 뽀데브라디의 이지 왕이 집권하고 나서야 그는 겨우 베들레헴 설교관으로 돌아올 수 있었다. 그가 추방당하였던 기간 동안에는 성 일리 교회의 프지브람의 얀^{Jan z Příbrame}이 그를 대신하였다.

야겔론 왕조의 루드빅 통치 시기인 1521년에 베들레헴 채플에서는 독일어로 설교를 들을 수 있었다. 마틴 루터 박사$^{Martin Luther}$의 추종자였던 토마스 뮌쩌$^{Tomas\ Müntzer}$가 대학 초청으로 프라하에 왔기 때문이다. 사람들은 뮌쩌가 체코의 이종성찬주의와 독일개혁사상의 이해에 도움을 주리라 기대하였으나, 오히려 그는 자신의 재세례파에서의 위치와 급진적 사회이론을 선전하는 데에 급급하였다.

> **뮌쩌의 사상**
>
> 당시 루터 사상에 관심이 있었던 독일 시민 그룹이 뮌쩌를 프라하로 초청하였다. 얀 후스의 사상을 언급한 설교를 체코어로 통역하자 뮌쩌는 일반 시민들로부터 열렬한 환호를 받았다. 특히 체코에서 이루고자 했던 하나님 나라에 관한 후스파의 목적에 시민들이 동의하였을 때, 뮌쩌는 이 영향이 독일 전체에 널리 확산될 것이라 기대하였다. 그러나 대학 내의 교수들은 뮌쩌의 사회급진론과 천년왕국설을 거부하였다. 뮌쩌는 프라하에서 강제로 쫓겨날 때까지 기독교 사회의 혁명적 부흥에 관한 "선언서"를 내려고 시도하였다. 뮌쩌가 지방 봉기에 실패한 후 1525년 반역자로 몰려 처형당하였을 때, 프라하에 있는 그의 독일 및 체코 추종자들도 어려운 시간을 보내야 했다.

베들레헴 채플은 1609년 7월 12일, 루돌프 2세의 '황제헌장'으로 신앙의 자유를 얻기까지 이종성찬 교회에 속해 있었다. 채플은 법 외에 있던 체코형제단$^{Jednota\ bratrská}$에게도 사용이 허락되었다. 교회의 새 관리자는 1618년까지 마떼이 찌루스$^{B.\ Matěj\ Cyrus}$였고, 1620년부터 1622년까지 그의 뒤를 이은 사람은 나중에 꼬멘스끼의 사위가 되는 얀 찌릴$^{Jan\ Cyril}$이었다. 이후, 재가톨릭화 시기에 몰수당한 채플은 도미니크 수도회의 재산이 되고, 1661년 예수회에게 팔렸다. 예수회는 고딕식의 박공을 없애고, 설교관을 덮었으며, 후스가 벽에 적어 넣었던 이름들도 지워버렸다. 그러나 지붕 밑 다락방을 포함한 채플의 일부분을 후스주의 사람들의 설교관을 위하여 도로 판매한다. 1777년 예수회 법령이 해제된 후, 채플은 사용되지 않았지만 그렇다고 완전히 문을 닫고 없어진 것은 아니었다. 1781년 관용의 칙령이 선포된 후, 프라하에서 새로 형성된 개혁파 회중교회가 채플 사용을 요구했으나 허락되지 않았다. 1786년 이미 황폐해진 건물은 파괴되고, 단지 세 벽만 남은 자리에 1836~1837년 꽤 큰 연립주택이 세워지게 되었다.

> **베들레헴 채플 재건**
>
> 프라하 개혁파들과 체코 애국주의자들은 '체코 개혁의 요람'을 결코 잊은 적이 없었다. 채플을 재건하려는 노력은 친가톨릭의 합스부르크 왕조 때에는 거의 불가능하였고, 게다가 채플 자리의 일부분이었던 255호집은 독일인의 소유였다. 그럼에도 불구하고 1919~1920년에 걸쳐 특별 조사가 이루어졌을 때, 채플의 부분들이 잘 보존되어 있음을 확인하였다. 체코슬로바키아 공화국의 첫 의회는 연립주택을 사들여 베들레헴 채플을 재건하자는 얀 헤르벤(Jan Herben) 작가의 안건을 받아들였다. 그러나 까롤리눔의 보수가 우선이었기 때문에 이 계획은 이루어지지 않았다. 이 과제는 후스박물관협회로 넘겨졌으나, 재정문제 때문에 받아들여지지 않았다. 1941년 모든 프로테스탄트 교회가 앞장을 서 베들레헴 채플 재건을 위한 특별위원회를 발족한다. 제2차 세계대전 이후 독일인 재산이었던 연립주택은 압류되고 비로소 건물을 없앨 수 있었다. 슬로바키아 문화부가 채플의 재건축을 맡아 1950~1954년에 피에타상과 더불어 원래의 형태로 재건하였다.

신축된 베들레헴 채플은 지붕 대들보가 드러나 있는 원 집의 바닥과 높이를 그대로 유지하고 있다. 동쪽 벽면이 원형을 가장 많이 유지하고 있는데, 대형 고딕식 창문, 설교자들의 집과 설교관 입구가 포함된다. 서쪽 부분에서는 세 개의 고딕식 창문이 복원되었고, 채플 안에 있는 원래의 우물도 그대로 두었다(깊이 8미터). 후스와 야꼬우벡의 자료를 기초로 하여 원 벽의 그림대로, 함께 불렀던 몇몇 찬송가 악보도 복원하였다. 여기에 옌스끼의 후스시대 성경과 리헨탈의 콘스탄츠 연대기, 벨리슬라프의 성서 내용에 따른 그림들이 추가되었다.

동쪽 벽면 뒤쪽에 있는 기념 현판은 이곳에서 면죄부 판매에 반대하는 후스의 항의를 공개적으로 지지하던 세 청년(마르띤, 얀, 스따섹)이 구시가 광장에서 교수형에 처해졌고, 이곳에 매장되었음을 알려 준다.

채플 서쪽으로 고딕식의 정문과 더불어 설교자의 집도 예전 그대로 복원해 놓았다. 이곳에서는 몇 년간 얀 후스도 제자들과 생활하였다. 이 집 1층 홀에는 원 중세식의 돌바닥이 보존되어 있다. 오늘날에도 베들레헴 채플에서는 후스의 활동뿐 아니라 본 채플이 재건되기까지의 과정에 관한 여러 자료들이 전시되어 있다.

베들레헴 채플

9. 슈띠뜨니의 집

후스파 시대 초기에 베들레헴 채플, 오늘날 3 / 254 건물 바로 옆 서쪽으로, 남 체코 지주인 슈띠뜨니의 토마쉬(+1401)가 자신의 가족을 위해 지은 고딕건물이 있다. 토마쉬 슈띠뜨니는 체코종교개혁의 개척자 계층에 속한 사람으로서 체코 시골에, 그리고 나중에는 프라하에 토지를 구입하여 종교개혁을 도운 인물이다.

> **토마쉬 슈띠뜨니**
>
> 토마쉬 슈띠뜨니는 까렐 대학 제1회 졸업생이었으나 대학에서의 직업과 사제로서의 길을 포기하고, 시골에서 그의 자녀들과 다른 젊은이들의 교육에 힘썼다. 얀 밀리츠와 편지 왕래를 하던 대학 교수들의 설교에 깊은 영향을 받아 슈띠뜨니는 크리스천의 올바른 삶에 대해 젊은이들에게 설교식으로 편지쓰기에 열성을 다하였다. 그리고 젊은이들에게 특별히 청소년들을 위해서 (「클럽대화」, 1370년), 농촌 신자들을 위해서(「일요일과 공휴일 대화」, 1392년) 설교식으로 편지쓰기에 열성을 다하였다. 많은 신앙적이며 교육적인 소책자들을 중세 라틴어 대신 체코어로 발간하였다. 특별히 그의 중요한 저술인, 1376년에 발간된 「기독교의 일반적인 사항에 대한 6권의 책」은 종교개혁 운동을 촉진하는 데 크게 기여하였다.

슈띠뜨니의 집

　슈띠뜨니는 말년에 두 자녀 아네슈까와 얀과 함께, 영적인 삶과 일반적인 도덕 갱신의 희망의 근거지였던 프라하 베들레헴 채플 부근에 살았다. 그의 딸 아네슈까를 위해 후스의 설교단 특별 좌석 가운데 하나를 영구적으로 지정하였고, 그는 얀 후스의 저서인 「어린 딸, 그리고 구원의 바른 길을 깨달음에 대하여」는 아네슈까에 대한 글이라고 전해지고 있다. 이후 슈띠뜨니 주택은 종교개혁 프라하 유적지로 선정되었다.

10.
학사 지역 – 밀리츠의 예루살렘

　　베들레헴 광장에서 남쪽으로 걸어가다 종교개혁 시대 이전의 유적과 관련된 문화재 앞에 잠시 멈춘다. 그리고 재건축한 학사 일대의 둘러싸인 담 안 '회색 수녀회' 옆에 있는 성 바르톨로메이 바로크 교회당의 탑이 높이 솟은 꼰비뜨스까$^{Konvitská\ ulice}$(학사거리) 거리까지 걸어간다. 건물의 화려한 모습이 우리를 사로잡는데, 평일에는 새롭게 수리된 앞마당으로 들어갈 수 있고, 그곳을 통과해 바르또로미예스까^{Bartolomějská} 거리까지 걸어 나오면 교회당 입구가 나온다. 여기서 왼쪽(동쪽)에 난 좁은 길을 따라 학사 지역을 둘러볼 만하다.

> **학사 지역**
> 설교자들을 교육하던 크로미예지즈의 밀리츠가 1372년에 조직한 프라하 매춘녀들을 수용하는 '예루살렘'이라는 사회복지 시설을 설립한 장소가 바로 이 학사 지역이다. 그러나 사회복지 시설은 오랫동안 지속되지 않았다. 일부 건물을 까렐 4세가 대학에 주었고, 나머지는 시토 수도회에 넘겼다. 후에 밀리츠 추종자들의 모임이 이 시설을 다시 시작하였으며, 이후 시토 수도회로부터 예수회가 이 건물을 넘겨받아 거기에 멋진 학사를 건축한다. 이는 결과적으로 베들레헴 채플을 세우기 위한 조건들을 만드는 갱신운동이 되었다.

1660년 반종교개혁(재가톨릭화) 시대에, 시토 수도회를 이어 예수회들이 예루살렘/학사 건물을 귀족 집안 출신 학생들을 위한 국제적인 기숙사로 사용하였다. 젊은 귀족들이 이곳에서(많은 독일인들과 개혁파 가문 출신도 포함하여) 로마가톨릭 종교교육을 받았다. 예수회가 해체된 후(1773년), 바로크 양식으로 개축된 건물의 일부가 인쇄소로 바뀌었고, 구내식당이었던 곳에서 다양한 문화활동들, 즉 음악회와 무도회가 열렸다. (1798년 이곳에서 베토벤이, 1863년에 바그너가 연주를 하였다.) 1840년에 이곳에서 첫 번째 체코 무도회가 열렸고, 나중에 영화관이 되었다. 1830년부터는 안토닌 드보작이 공부를 했던 프라하 오르간 학교가 되었다. 현재 재건축된 학사 지역은 다양한 목적으로 사용되고 있다. 바르또로미예스까 거리 남동쪽의 모퉁이에 이 문화재의 주요 일지를 적은 작은 문화재 현판이 있다.

  바르또로미예스까 거리를 따라 서쪽으로(블타바 강쪽으로) 조금 걸어가면, 12세기 초 프라하에서 가장 오래된, 로마네스크 로툰다 양식의 성 십자가 채플에 다다른다. 바로 가까운 까롤리나 스비에뜰라$^{Karolina\ Svetlá}$ 거리 모퉁이에(318호 건물에) 후스파 시대에 사용되었던 '레츠꼬바' 라는 또 다른 학생 기숙사가 있었다. 이 기숙사는 이종성찬 시대의 체코 교회 학생들을 위해 세워졌다.

  좀 떨어진 블타바 강 뚝방 근처 벽돌공장에서는 마떼이가 설교자로 활동하기 시작했다(1519년). 그는 슈마바 지역의 보우빈에서 프라하로 왔으며 뽀우스떼브닉으로 알려졌다. 흑사병이 창궐하던 1520년에 프라하의 빈민들을 헌신적으로 이곳에서 보살폈고, 대담한 설교로 옥에 갇혔다가 결국 프라하에서 추방당하였다.

  우리는 이곳 바르또로미예스까 거리에서 오던 길을 되돌아 동쪽방향으로 걸어간다. 나 뻬르슈띠네 거리$^{Na\ Perstýne}$와 만나는 사거리까지 걸어가서 오른쪽으로 돌아, 다음 왼쪽 편 거리 마르띤스까^{Martknská} 거리까지 걷는다. 여기서 종교개혁 시대에 있어 밀리츠의 예루살렘 다음으로 중요한 건물을 만나게 된다.

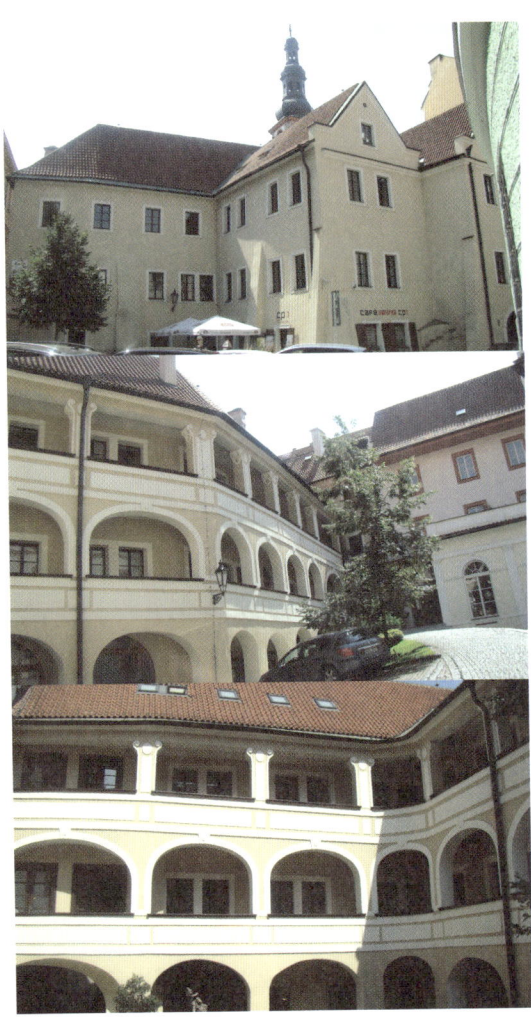

예루살렘

11. 벽 속의 마르띤 교회

교회의 이 독특한 이름은 중세시대 때 교회의 별난 위치와 연관이 있다. 원래 로마네스크 양식이었던 벽 속의 마르띤 교회는 성 마르띤 우예즈드 (움푹 파인 길)라고 불리던 오래된 주거지 가장자리에 있었다. 바츨라프 1세 집권 시절인 1232년에 구시가 성벽이 완공된 이후에도 채플의 남쪽 벽이 성벽과 이어진다. 1350년 고딕 양식으로의 재건축이 끝난 이후에도 교회는 계속 성벽의 일부로 남아 있게 된 것에 유래한다.

벽 속의 마르띤 교회는 후스주의 시절에는 이종성찬 교회로 흡수된다. 이곳에서 얀 후스는 사제 서품 이후 첫 설교를 하게 된다. 교구 교회에 속하지 않았던 베들레헴 채플의 완공 후, 벽 속의 마르띤 교회는 베들레헴 채플과 '동등한' 지역 교회가 된다. 그래서 1414년 가을, 당시 사제였던 흐라데츠의 얀$^{Jan\ z\ Hradec}$은 후스 이후 베들레헴 채플을 담당하던 야꼬우벡^{Jakoubek}의 부름을 받아, 일반 신도들에게도 성배(성찬 포도주 잔)가 주어지는 이종성찬예배를 시작할 수 있었다.

> ### 이종성찬
>
> 이종성찬 방법(라틴어로 sub utraque parte-이종성찬법)은 1415년 봄, 후스가 콘스탄츠 감옥에서 야꼬우벡에게 보낸 답장에서 승인하였다. 베들레헴 설교관에서 나온 이 개혁적인 소식은 성찬식에서 성배를 모든 이가 함께 공유한다는 실천적 표현의 시작이었다. '평신도 성배'는 곧 다른 교회들에게 소개되었고, 후스의 순교 이후, 프라하 사람들의 강한 요청으로 바츨라프 4세는 프라하의 8개 다른 교회에서도 이종성찬을 허락하였다.

벽 속의 마르띤 교회는 반종교개혁(재가톨릭화)이 시작될 무렵인 1621년, 그 교회의 마지막 설교자였던 야꿉 야꼬비데스Jakub Jakobides가 프라하에서 추방당했을 때까지 베들레헴 채플의 자매교회로서 그 역할을 다한다. 1678년의 화재로 교회는 부분적으로 훼손되었지만, 약 100년 후 약간의 바로크 양식으로 재건되었다.

벽 속의 마르띤 교회

요세프 개혁시대인 1784년에 벽 속의 마르띤 교회는 없어지고, 이후 가게 창고로 사용하다가 나중에는 야간 까페로도 쓰이기도 했다. 1904년 프라하 시는 낡은 교회 건물을 사들여 1905~1906년까지 개축공사를 한다. 그 당시 내부 공간에 있던 성물 안치소가 발견되어 이를 원래의 로마네스크 양식대로 복원하였다. 체코슬로바키아 제1공화국이 세워지고 프라하

벽 속의 마르띤 교회 교회당 전면에 장식된 성경과 성찬잔

시는 영어 미사를 위하여 감리 교단에 이 교회를 대여한다. 나중에 교회는 저녁 학생 청년예배를 위하여 체코형제복음교단ČCE에 위탁된다. 체코형제복음교단은 1975년 교회 공사를 시작하고, 몇 번의 공사를 더 거친 후에 교회 내부에 오르간도 설치한다. 1990년대부터는 독일개혁 회중교회가 체코형제복음교단의 프라하 총회와 결합하여 정기적으로 예배를 드린다.

체코종교개혁의 기본적인 상징인 펼쳐진 성서와 함께 있는 성배상이 교회당 재단 뒤 반원형으로 된 부분에 놓여 있다. 천장 아치에 후스주의의 중요한 두 가문의 문장이 있다. 오른 편의 문장은 블까노브가(반은 개, 반은 늑대)이며, 왼편은 끄베뜨니쩨의 홀레트가 백합문장이다.

벽 속의 마르띤 교회 뒤편 건물의 석조 벽 안에 나로드니 트지다로 통하는 통로 두 개가 나 있다. 이곳에서 왼쪽으로 꺾어 20m 정도 넓은 복도와 쁠라띠즈 마당까지 올라가도록 하자.

> **조각가-브로꼬프**
>
> 바로크 시대에 조각으로 프라하를 아름답게 장식하였던 조각가 가족인 브로꼬프가의 유해들이 마르띤 교회 묘지 안에 안장되어 있다. 교회의 북쪽 측면에는 F. M. 브로꼬프 초상이 부조되어 있는 현판이 잘 보존되어 있다.

12.
쁠라띠즈
전 후스주의의 과거가 깃든 공간

쁠라띠즈는 후기 앙피르 양식(프랑스 제정양식)과 고전주의 양식으로 부분적 변경이 있었지만, 안마당의 주 건물들은 원 르네상스 양식의 특징들이 17세기 초 루돌프 2세 황제의 궁정원이었던 건물의 설립자 플라텐슈타인 이후, 잘 보존되어 오고 있다. 그리고 몇몇 창고 안에는 오래전에 있었던 구시가 성벽 기초석이 오늘날까지 잘 보존되어 있다. 그 당시 프라하 지형도에 의하면 중세에는 그 장소에 고딕식 집이 있었다. 그 집 주인들은 후스주의 시절, 멀지 않은 벽 속의 마르띤 교회와도 깊은 관계를 가지고 있었던, 이종성찬주의자의 주요 인물들이었다.

쁠라띠즈 앞에 서니, 지금까지 다녀온 곳 중에서 이종성찬주의자들의 활동무대였던 성 하벨 교회, 멜란뜨리흐의 집, 성 미꿀라쉬 교회, 성 일리 교회, 슈띠뜨니 저택, 그리고 학사 지역처럼 잘 알려지지 않은 종교개혁 유적지들이 떠오른다.

15세기 초, 이 오래된 고딕식 저택의 주인은 구시가 시장(市長)이자 엿기름을 만드는 이였던 스트지브로의 얀 브라다띠였다. 이 사람은 1419년에 후스파에 합류하여 반 후스주의 전쟁 때에는 프라하의 성배주의자들 편에서 싸운다. 1426년에는 우스띠 나드 라벰 전투에서 십자군에 맞서 싸우기도 하였는데, 그때 성배주의자들이 승리를 거두나 그는 전사하였다. 얀 브라다띠가 전사한 이후, 그의 뒤를 이어 이 집에서 두 후스파의 지도자가 모여 주요한 회의를 연다. 온건파를 이끈 성 일리 교회의 프지브람의 얀과 급진파 주동자인 영국 옥스포드에서 온 '영국인 선생'이라 불리는 피터 페인이었다. 립빤 전투 패배(1434년 5월 30일) 이후에는 벽 속의 마르띤 교회의 관리자였던 끄베뜨니체의 홀레쯔가 이 집을 소유한다.

그후 1586년에 쁠라따이스 기사가 집을 다시 매입하여 르네상스 양식으로 집을 개축한다. 그의 이름에 연유하여 나중에 사람들은 이 건물을 '쁠라띠즈'라 부른다.

쁠라띠즈로 프라하 종교개혁 이야기 여행 첫 부분을 마감하도록 하자. 이제 쁠라띠즈 입구로부터 나로드니 트지다를 지나 9.28거리로 가서 바츨라프 광장의 무스텍 역으로 가자.

쁠라띠즈

두 번째 구역

구시가 –
중앙과 북동쪽

1. 검은 장미의 집(U Černé ruže)과 옛 왕의 궁전(Králův dvůr)
2. 히베른의 집(U Hybernů), 옛 화폐 주조소(Mincovna), 부꼬이 궁(Buquoyský palác)
3. 띤 사제관(Týnská fara)
4. 옛 오테르스도르프의 식스트 집(Dům Sixta z Ottersdorfu)
5. 띤 앞의 성모 마리아 교회(Kostel P. Marie před Týnem)
6. 부도보의 바츨라프 부도베쯔 집(Dům na V. Budovce z Budova)
7. 살바또르 개혁교회(Evangelický kostel U Salvátora)
8. 성령 교회(Kostel sv. Ducha)
9. 성 시몬과 유다 교회(Kostel sv. Šimona a Judy)
10. 성 하슈딸 교회(Kostel sv. Haštala)
11. 끌리멘트 개혁교회(Evangelický kostel U Klimenta)
12. 나뽀지취의 성 베드로 교회(Kostel sv. Petra Na Poříčí)

(두 번째 구역을 구경하며 걷는 데 걸리는 시간 약 30~40분)

1.
검은 장미의 집과
옛 왕의 궁전

까롤리눔이 있는 대학 구역에서 시작한 첫 번째 코스와 마찬가지로, 두 번째 코스 역시 15세기 초 프라하 까렐 대학의 역사 그리고 후스 시기와 연관이 있다. 이번에는 '황금 십자로'인 프라하의 중심지에 숨겨져 있는 한 문화재에 시선을 돌려보자. 우 체르네 루쉐$^{\text{Ú černé růže}}$, '검은 장미의 집'이라는 옛 대학 건물이다. 무스텍 지하철 정거장 출구로 나와, 약 100미터 떨어져 있는 현대식 상가거리인 나 프지꼬뻬에 12/853의 지점이 검은 장미의 집이다.

현대식 상가가 중요한 종교개혁의 과거를 가지고 있다는 데 우선 놀랍다. 원래는 고딕 건물로서 체코 대학 교수들을 위한 기숙사로 사용되었다. 1408년 이곳에서 예로님 선생^{Jeroným}이 옥스포드에서 프라하로 가져온 영국 종교개혁자 존 위클리프의 문서들에 대한 첫 번째 학술 토론이 열렸고, 후에 얀 후스 선생$^{\text{Jan Hus}}$이 진지하게 그를 연구하였다. 위클리프에 대해 관심을 가진 드레스덴의 독일인 교수들이 종교재판을 앞두고 프라하로 도주하기도 했는데, 그들은 1412년에 지역 교수들로부터 열렬한 환영을 받으면서 위클리프에 대한 연구와 토론을 더욱 심화시켰다. 그들 가운데 지도자는 니콜라우스였으며, 프라하에서 국내 지도자로 드라즈댜니(드레스덴)의 미꿀라쉬와 그의 동생 뻬뜨르 그리고 얀 드라엔도르프 Jan Draendorf 와 뻬뜨르 뚜르노브 Petr Turnov 가 이 연구를 주도했다. 미꿀라쉬는 이종성찬에 대해 스뜨지브로의 야꼬우벡 선생과 활발하게 협력하였다. 초기 독일 색슨 지역 모임에서 그는 성배를 받는 성만찬을 소개하였다. 성서신학적인 견해에 따라 미꿀라쉬는 이종성찬 성만찬(떡과 포도주 모두 받는)의 형식을 정하도록 야꼬우벡을 도왔고, 프라하 '벽 속의 마르띤 교회'에서 이것을 시행하기 시작했다.

체코종교개혁 시대 때 독일인 후스 추종자들의 실재를 많은 사람들이 알지 못한다. 그러나 그들은 후스종교개혁 시대에 대단히 중요한 역할을 감당했다. 후스의 죽음 이후, 많은 독일인들이 체코 선생들보다 더 열정적으로 성찬잔 문제에 관심을 기울였다는 사실이 알려졌다. 얀 드라엔도르프 Jan Draendorf 는 1417년에 이종성찬을 시행하는 교회에서 사제서품을 받았다. 다른 독일인들은 후스의 종교개혁 프로그램을 열정적으로 독일 땅에 전파하였다. 그러나 그들 대부분은 독일에서 종교재판의 희생자로서 최후를 맞이했는데, 첫 번째 희생자들 중에는 드라즈댜니(드레스덴)의 미꿀라쉬도 있었다.

오늘날에는 앙피르 양식 발코니의 황금 판넬 위에

검은 장미의 집

검은 장미 문장만이 남아 후스시대의 지나간 역사를 알려 주고 있다.

검은 장미의 집으로부터 아주 예쁘게 수리된 넓은 보행길, 나 프지꼬뻬에 (이전에 구시가의 성벽과 호가 있었다.) 거리를 따라 계속 걸어간다. 같은 쪽으로 얼마가지 않아 고전적인 성 십자가 교회가 보인다. 거기서 약 100미터 지나면 '슬로반스끼' 집이다. 이 집은 프지호브스끼 백작 가문을 위해 18세기 말에 건축되었다. 전설에 의하면 원래 작은 고딕 양식의 집이였으며, 1414년부터 뜨로즈노브의 얀 쉬시까 Jan Žižky z Trocnova 소유였는데, 당시 그는 '왕실 문지기'였고 '애꾸눈 야넥'으로 유명하였다. 이제 거리의 끝나는 곳에 있는 화약문 prašná brána 이라 불리는 신고딕 양식의 탑까지 걸어간다.

좌측이 화약탑, 우측이 시민회관

> ### 왕의 궁전에 담긴 역사
>
> 후스파의 왕 뽀데브라디의 이지가 자신의 거주지로 1458년부터 왕의 궁전을 사용하였다. 1462년 8월 10일 종교회의 참석자들이 '바젤협정'이 무효가 선언되었다는 소식을 전했고, 왕 이지는 이단을 축출해야만 한다는 교황의 소식을 들었다. 그러나 왕은 "나는 왕위를 위해 신앙을 팔지 않을 것이다. 사랑의 하나님이 깨닫게 하여 나와 나의 아내, 그리고 우리 자녀들은 위대한 왕위와 생명까지도 내어줄 준비를 하고 있다."고 결단한다. 그 이후 왕은 1467년 4월 종교회의에서 교황으로부터 이단으로 낙인이 찍혔고, 다음 종교회의에 교황의 결정 철회를 요청한다. 왕의 궁전에서 1471년 3월 25일 후스파 왕 이지의 장례식이 있었다. 그의 시신은 성 비뜨 성당의 왕의 묘지에 모셨고, 그의 심장은 은상자에 넣어 띤 교회에 두었다.

이 탑의 정확한 이름은 화약탑으로서, 후스종교개혁 시대에 구시가를 둘러싸고 있는 8개의 탑 가운데 하나였다. 1757년 프러시아가 프라하를 포위하여 공격할 때 크게 파괴되었고, 후에 오늘날의 유사 고딕 양식으로 재건되었다. 18세기 초 그 탑 안에 화약을 넣어 두었기에 화약탑이란 이름이 붙여졌다.

계속해서 걸어가면 원래 프라하 시의 성문이 나온다. 바츨라프 4세(+1419)가 1383년 화약탑 오른쪽에 체코 통치자를 위한 구시가의 성을 세웠다. 현재 이곳은 시민회관으로 사용되고 있다. 이 성은 원 구시가의 문에 붙어 있었고 '왕의 궁전'으로 알려져 있다. 그의 계승자들 가운데 후스파의 왕 뽀데브라디의 이지(+1471)까지 여기에 거주하였고, 그 다음 계승자인 블라디슬라브 2세 야겔론스끼 Vladislav Ⅱ. Jagellonský (+1516)는 흐라드차니에 있는 성으로 이사하였다.

체코 역사에 자주 언급되는 구시가의 왕의 궁전은 얀 후스의 활동과도 관련이 있다. 후스는 1414년 8월 26일 콘스탄츠로 가는 것을 결정하기 전, 성문에 이단자로 자신을 정죄하는 사람들에게 공개적으로 증거를 제시하라는 '성명서'를 붙였다. 그러자 다음 날 바츨라프 4세는 그를 정죄할 아무런 증거도 제시하지 못한다는 새로운 성명서를 발표함과 동시에, 만약에 후스가 이단임을 증명하게 되면 콘스탄츠에서 열리는 종교회의에 그를 세워 이단으로 벌을 받게 하겠다고 하였다.

또한 격변의 1420년, 꼬란다 스따르쉬가 지휘하는 따보르파들이 비뜨꼬바 산(山) 전투를 앞둔 프라하 시민들을 돕기 위해 황폐화된 궁전에 주둔하였다.

광적인 가톨릭 신자로서 형제단을 억압하고, 그들의 소유를 몰수하려고 한 왕 블라디슬라브 2세$^{Vladislav\ II}$는 프라하의 새로운 소요사태가 발생한 소란의 시기인 1483년에 구시가의 소란을 피해 프라하 성으로 돌아왔다. 당시 왕의 임명을 받은 부패한 집정관들이 시청 창 밖으로 투척되는, 소위 제2차 프라하 투척사건이 발생한 것이다.

왕의 궁전(현재 시민회관)

버려진 궁전은 곧 황폐화되고, 근처의 수도원에서 사용하다가 이후에 군거주지, 그리고 시청 직원들의 주거지로 사용되었다. 20세기 초에 마침내 원래의 왕의 궁전의 모든 건물들이 철거되고, 그 자리에 프라하 시민회관의 대표적인 건물이 들어섰다. 이 건물의 큰 홀에서 1918년 12월 17~18일 체코개혁파들(당시 루터와 칼빈의 신앙고백 교회들)의 총회가 열렸고, 이 회의에서 두 교회는 '체코형제복음교회'^{ČCE}로 통합선언하였다.

2. 히베른의 집, 옛 화폐 주조소, 부꼬이 궁

공화국 광장Náměstí Republiky 동쪽 화약탑 건너편으로 앙피르 양식(프랑스 제정 양식)의 거대한 건물을 볼 수 있는데, 여기가 히베르니아 극장Divadlo Hybernia이다. 이 건물은 1355년 까렐 4세가 로마에서의 대관식을 마치고, 암브로시안 예전을 따르는 베네딕트 수도회를 위하여 지은 교회로 수도원이 있던 자리에 세워졌다.

1419년 초, 바츨라프 4세가 후스 추종자들의 요구에 따라 이 베네딕트 교회에서 이종성찬을 허락하였기 때문에, 후스 운동 초부터 이 교회가 매우 중요시되었다. 그 전만 해도 이종성찬은 '눈 속의 성모 마리아 교회'와 왕의 궁전 북쪽에 있던 '베네딕트 교회'에서만 허락되었다. 그 이후 성 베네딕트 교회는 파괴되었고, 오늘날에는 거리 이

히베른의 집

름을 통해서나 교회에 관하여 알 수 있을 뿐이다(베네딕트 거리$^{Benediktská\ ulice}$).

첫 후스 봉기 시기에 암브로시안 베네딕트회 수도사들은 프라하에서 추방되었다. 지그문트의 십자군을 막고, 프라하 시민들을 돕기 위하여 들어온 급진적 따보르파(우상을 제거하고 프라하에 있는 가톨릭교회에서 가져온 조각과 그림들을 불태웠다.)가 1420년 성 암브로스$^{sv.\ Ambroz}$ 교회 앞에서 모임을 갖는다. 계속해서 구시가와 신시가 출신 후스파들의 대형 집회가 교회 앞에서 열렸다. 그동안 뽀데브라디의 이지 왕이 프란치스코 수도회에 넘겨줄 때까지 황폐한 암브로시안 수도원은 거의 복구되지 못한 채 남아 있었다. 그러나 1583년, 프라하가 소란했던 브라디슬라브 2세 집권기에 프란치스코회도 이종성찬을 반대하다가 프라하에서 모두 쫓겨난다.

반종교개혁 시기(재가톨릭화 시기)였던 1630년, 히베르인들(아일랜드인들, 라틴어로 Hibernia)이라 불리던 아일랜드의 프란치스코 수도사들이 와서 수도원을 보수하였다. 하지만 요세프 2세 개혁 시기에 수도원은 다시 문을 닫고 성 암브로스 교회는 이단으로 배척당하였다. 1789년부터 체코 연극공연장이 말 시장(후에 바츨라프 광장)에 있는 건물로 옮겨지기 전까지 이곳이 잠시 공연장으로 이용되기도 했다. 체코 민족 각성자인 바츨라프 트함$^{Václav\ Thám}$과 춤의 명인 부토^{Butteau}가, 이라섹^{Jirásek}의 소설 "F. L. Věk"이라는 작품에서 유명해졌다.

화약탑을 지나 첼레뜨나 거리$^{Celetná\ ulice}$로 들어가면 체코 왕들이 대관식에 다니던 '왕의 길'$^{Královská\ cesta}$이 여기서부터 구시가를 지나 까렐 다리를 건너서 흐라드차니 성까지 이어져 있다. 약 100미터쯤 지나 왼편에 있는 36/587번지 집 앞에서 멈추어 보자. 코너에 있는 이 집은 집의 역사를 말해주는 듯 광부들과 군인들 조각상이 떠받치고 있으며 발코니와 아케이드가 거리 쪽으로 나 있다. 이 집은 1409년 바츨라프 4세가 원래 고딕식이었던 벨플로비츠Weflovic의 집을 사들여서 왕의 궁전과 연결하여 체코 왕비들의 궁으로 사용하였다. 이후 후스 시대 초기에는 구시가로 편입되었다가, 1420년부터는 후스의 주조소husits mincovna로 사용되었다.

1759년, 주조원이었던 라요프의 파흐따Pachta z Rájova에 의하여 세워진 동전 주조소의 벽면에는 오보츠니 뜨르흐 거리쪽으로 이런 현판이 있다. "이곳에 후스주의 시대인 1539년부터 1784년까지 동전을 만들던 주조소가 있었다. 체코 동전이 만들어진 지 1,000년이 되었음을 기억하자." 1848년에는 이 주조소 앞에서 혁명 봉기 초기에 프라하 주민과 합스부르크 장군이었던 빈

주조소와 동판

디쉬그뢰츠와의 첫 번째 충돌이 있기도 했었다.

한 가지 더 이야기하자면 바로 옆 건물은 1403년에 대학이 체코 출신 학생들을 위한 체코민족대학기숙사Univerzitní kolej českého národa로 세운 것으로 이 기숙사는 체코종교개혁 당시 이종성찬 교회의 학생들에게 제공되었다.

> ### 수학자 베르나르드 볼자노
>
> 첼레뜨나 거리 오른편으로 바로크 스타일의 집인 25 / 590번지 '네 기둥의 집'U školy skolých에서 잠시 멈추어 서자. 이 집에서 유명한 수학자이자 철학자 및 신학자였던 독일-이탈리아계 베르나르드 볼자노Bernard Bozano가 살았고 여기서 죽었다(1848). 그는 프라하 대학의 계몽주의 신학 교수였으며, 독일과 체코 두 민족의 관계를 개선해 보려고 노력하였다. 그는 체코 왕국 안에 있는 두 민족이 사이좋게 공존해야 한다는 '보헤미즘'을 주장하였다.

'네 기둥의 집'에서 첼레뜨나 거리를 약 100미터 걸어오다 보면 거리 왼쪽에서 부꼬이 성을 볼 수 있다(20 / 562번지). 이곳은 빌라 호라 전투에서 황제군 용병이요, 프랑스 사령관이었던 K. B. 부꼬이 백작이 소유하였던 건물이다. 부꼬이는 운명적인 빌라 호라 전투에서 합스부르크 황제군 대장으로 있었다. 개혁교도들을 상대로 얻은 승리의 대가로 이 집과 함께 다른 재산을 획득하였다. 이후 1762년 이 집은 대학의 소유가 되었으며, 1880년부터는 이곳에 체코왕립과학협회가 자리잡는다. 어떤 자료에 의하면, 체코 개혁 당시 이 집은 체코형제단의 큰 후원자이자 리또미슐 지역 영주였던 뽀스뚜삐체의 보후슬라프Bohuslav z Postupic 경의 소유였다고 한다. 체코형제단을 향한 그 원기 왕성한 후원자는 그의 저택에서 브라뜨르 루까쉬Bratr Lukáš와 바츨라프 끄라소니쯔끼Václav krasonický가 이끄는 체코귀족 대표와 대학 교수들로 이루어진 모임을 주선한다. 여기서 그들은 형제단의 몇 가지 교리에 대해 협의를 시도하였다.

1504년 새해 첫날에 모임이 이루어졌으나 어떠한 성과도 없었다. 다음 해에 다시 이 건물에서 다양한 회의가 열렸는데, 프라하 시와 체코 귀족 대표들이 독일의 슈말칼덴 신교연합에 대항하는 전투에서 페르디난드 1세를 돕는 것을 거절했던 1547년 회의가 이곳에서 열린 회의 중 가장 중요한 회의였다. 뮐베르그Mühlberg 전투에서의 승리 후, 페르디난드는 보후슬라프의 재산까지 몰수해 버림으로써 그들을 응징하는 것을 잊지 않는데, 이 집도 그때 몰수당하고 말았다. 17세기 초에는 프리드리히 팔츠끼가 집권하던 무렵 체코 왕실의 부총리를 역임하였던 미할로비체의 보후슬라프 Bohuslav z Michalovic가 이 집을 소유하였다. 후에 그는 반합스부르크 봉기에 참여했다는 이유로 구시가 광장에서 처형당한다.

부꼬이 성

3. 띤 사제관

첼레뜨나 거리에서 출발하여 구시가로 가다 보면 오른편에 좁은 슈뜨빠르뜨스까^{Štupartská} 거리가 있다. 이 거리 오른편에 위치한 5/601번지 건물은 까렐 4세가 띤 앞의 성모 마리아 교회$^{Panny Marie před Týnem}$를 위한 사제관으로 건립한 것이다.

여기서 먼저 '띤 앞'이 가진 의미를 알아보자. '띤 앞'$^{před Týnem}$이란 이름은 근처의 띤 마당 혹은 운겔트와 관련이 있다. 그 유래는 11세기, 띤이라는 영주의 저택 마당에 외국 상인들을 위한 숙소와 세관에 의해 수입품들의 통관절차를 밟는 장소가 있었다. 그 마당의 가장자리에 (아마도 오늘날의 띤 사제관이 있던 자리에) 외국인 병원과 더불어 로마네스크 양식의 작은 성모 마리아 채플이 있었다. 이곳은 체코 왕뿐 아니라 프라하 시에게도 대단히 중요한 수입원이었고, 그래서 '돈이 나오는 최고의 장소'였던 띤 마당은 독일어로 'um Geld'라고 불리던 것이 프라하 시민들에 의하여 운겔트^{Ungelt}라는 별명으로 불리게 된 것이다. 그리하여 까렐 4세가 후에 지은 새 고딕 채플도 '띤 앞'이라는 이름을 얻게 되었다.

체코종교개혁 시대에 띤 사제관에는 이종성찬 교회들을 관리하였던 개혁파 종교의회husitská konzistor가 있었다. 대주교로 선출된 얀 로키차나Jan Rokycana는 1424~1471년 사이에 모든 후스 교회들을 관장하게 되는데, 띤 사제관은 재가톨릭화가 시작될 때까지 후스파 교회에 속해 있었다. 이곳의 마지막 관리자이며 사제였던 이지 디카스투스Jiří Dikastus는 1621년 가을, 띤 사제관을 떠나야 했다.

띤 사제관

4. 옛 오테르스도르프의 식스트 집

구시가 광장 앞 첼레뜨나 거리 왼편 끝에 약간 뒤로 물러나 있는 집이 보인다. 이 집에는 종교개혁의 숨겨진 자취가 있다. 이 2/553호 집을 오늘날에는 식스트의 집이라 부른다. 비록 지나간 개혁의 자취는 감추어져 있지만, 이 귀족의 저택에는 여전히 영향력 있던 종교개혁자 얀 식스트라는 이름이 남아 있다. 16세기 초부터 원래 고딕식 집이었던 이곳의 주인은 주요한 후스파 문헌학자이자 성서연구자 및 유능한 정치가였던 오테르스도르프의 얀 식스트^{Jan Sixt z Ottersdorfu}였다.

> **오테르스도르프의 얀 식스트**
>
> 얀 식스트는 까렐 대학에서 학사 학위를 받고 졸업을 한 후에 오랫동안 외국에서 학업과 여행을 하며 보낸다. 체코로 돌아온 후 프라하 구시가 시의원으로 활동을 하였고, 재상의 위치에까지 오른다. 더불어 많은 외교 활동으로 귀족의 직위를 받았기 때문에 오테르스도르프 출신이라는 것을 이름에 붙였다. 그는 페르디난드 1세에 대항하는 프라하 시민들의 입장을 강력하게 변호했으며, 1547년 반합스부르크 봉기에 참여하여 재상의 자리에서 축출당하고, 반란에 가담한 결과로 감옥에 갇히게 된다.

프라하에서 오테르스도르프의 얀 식스트는 보수적인 후스파 구 이종성찬주의자의 편이 되었지만, 급진적인 루터파 신 이종성찬주의자들과도 좋은 관계를 맺고 있었다. 그 당시 금지되었던 형제단 사람들과도 친교를 맺고, 그들과 함께 조심스럽게 시편 번역에 대한 관심을 나누며 지냈다. 그러다가 유능한 언어학자였던 그는 1549년부터 친구인 얀 멜란뜨리흐의 인쇄소에서 체코어 「프라하 성경」 출판을 위하여 신약 부분의 번역 작업에 참여하게 된다.

1575년, 얀 식스트는 경험 많은 외교관이자 이종성찬주의자들의 대변인으로서, 막시밀리안 황제의 대표들과 함께 체코신앙고백을 승인받기 위해 토론하고 결국 승인을 받아 낸다. 이후 얀 식스트가 후스 시대 역사를 기술하면서 "불안했던 체코에서의 2년간(1546-1547)의 사건들"이라 표현한 그 사건에 자신도 동참했다고 묘사하였다.

그의 아들 얀 테오도르 식스트[Jan Teodor Sixt]는 프라하 신 이종성찬주의자들과 연계하여 반합스부르크 봉기를 준비하는 중에 개혁파 종교의회의 변호인으로 선출되었다. 그는 이 저항운동의 적극적인 활동으로 인하여, 빌라 호라 전투의 패배 이후 교수형과 재산 몰수를 선고받는다. 다행히 구시가 광장에서 교수형을 받기 직전에 그의 영향력 있는 친구들의 탄원으로 황제에게 면책을 받게 되지만, 가톨릭 신앙을 거부하여 결국에는 추방되고 드레스덴에서 망명자로서 삶을 마친다.

식스트 가문의 집은 빌라 호라 전투 이후 몰수당한다. 이후 황제의 프라하 부섭정인들의 서기였던 필립 파브리시우스[Filip Fabricius]가 이 집을 하사받지만, 그는 1618년 5월 23일 소위 프라하 창문 투척 사건 당시 부섭정인들과 함께 창문 밖으로 던져진다. 빛 바랜 식스트가의 집은 지금은 단지 이름만 남았을 뿐이고(18세기 초 재건축됨), 1층에는 선물가게들이 자리하고 있다.

5.
띤 앞의 성모 마리아 교회

첼레드나 거리에서 북동쪽 지역에 있는 오른쪽 편의 구시가지 광장까지 걸어간다. 여기에는 회랑이 있는 두 개의 고딕 건물 뒤로 띤 앞의 성모 마리아 교회의 거대한 탑이 우뚝 솟아 있다. 이는 초기 고딕 양식의 프라하 대표적이고 중심되는 대성당으로서 까렐 4세가 1365년에 세웠다(1511년에 완성됨). 첫 번째 구역에서 설명을 하였듯이 1360~1369년에 독일 개혁교회 설교가 콘라드 발트하우저가, 그의 사후에는 크로미예지즈의 얀 밀리츠가 이 교회에서 활동(얀 밀리츠는 당시 성 일리 교회에서부터 신부였다.)하였다. 존 위클리프의 가르침과 교황의 면죄부 판매 문제에 대해 대학에서 논쟁이 일어났던 시대에, 얀 후스와 야꼬우벡이 이 교회의 설교자로 일했다. 1412년에는 면죄부 판매 시위를 벌였던 후스의 젊은 추종자 세 사람이 띤 교회당 입구 모퉁이에서 처형당하였다.

띤 교회는 체코종교개혁 시대에 가장 유명한 후스파 교회였다. 당시 후스파의 가장 높은 공식기관인 "개혁파 종교의회, 돌르니 꼰지스또즈"가 띤 교회에 위치하고 있었으며, 가톨릭파의 가장 높은 공식기관인 '가톨릭 종교의회, 호르니 꼰지스또즈'는 프라하 성의 성 비트 대성당에 위치하고 있었다. 얀 로키차나$^{\text{Jan Rokycana}}$는 1427년부터 '띤 앞의 성모 마리아 교회'의 행정 관리자 및 수석 설교자로 일하였으며, 1435년에 그를 이종성찬주의자 교회들의 대주교로 체코국가회의가 선출하였다.

1436년에 로키차나는 띤 교회로부터 바젤에서 열린 종교회의에 후스파 협상 사절로 파송되었다. 바젤 종교회의에서, 성찬잔의 사용에 관한 논지를 그는 자신의 글로 방어하였다. 또한 개혁파인 로키차나 선생의 주변으로 '그리스도 율법'을 사랑하는 새로운 후스파 사람들이 모이기 시작하였다. 신시가(프라하는 구시가, 신시가, 소지구, 세 구역으로 나뉜다.)의 나 슬로바네흐$^{\text{Na Slovanech}}$에 있는 후스파 수도원의 지도자인 로키차나의 조카 제호즈 끄라이치$^{\text{Řehoř krajčí}}$가 이 모임을 이끌었는데, 그 모임은 다시 초대사도교회를 모범으로 그리스도 교회의 믿음을 회복하려고 노력하였다. 이 열성가들은 프라하를 떠나 1457년에 쿤발트$^{\text{Kunvald u Žamberku}}$에서 '체코형제단'$^{\text{Jednota Českých bratří}}$이라는 자신의 교회 공동체를 세우기로 결심하였다. 군발트로 떠나기 전에 그들은 먼저 로키차나에게 자신들과 함께 떠나 목회자가 되어 주기를 요청하였으나 실패하였다. 그대신 로키차나는 뻬뜨르 헬치츠끼$^{\text{Petr Chelčický}}$의 글을 그들에게 소개하였고, 동체코에 있는 이지 왕의 영토에 정착하도록 주선해 주었다.

'후스파의 왕' 뽀데브라디의 이지(1457-1471)의 통치 시절 띤 앞의 성모 마리아 교회 지붕의 중앙부 둥근 천장에는 금 성찬잔과 그 아래 "하나님의 진리가 승리한다"라고 쓴 왕의 형상이 놓여 있었다. 이것은 재가톨릭화 시대에 후스파의 상징이 성모 마리아 형상으로 교체되었는데, 성모 마리아상 뒤의 금으로 된 후광은 금 성찬잔을 녹여 만든 것이다.

띤 앞의 성모 마리아 교회는 빌라 호라 전투 때까지 체코종교개혁운동의 주요 교회이자 중심이 되었다. 이웃나라 독일에서 1519년 얀 후스 선생의 종교개혁 유산을 이어받은 새로운 종교개혁자 마르틴 루터가 등장한 이후, 프라하에서 루터의 제자로서 토마스 뮌쩌가 환영을 받았다. 1521년 베들레헴 채플과 띤 교회에서 뮌쩌의 독일어 설교가 체코어로 통역되었다.

띤 교회에서는 루터의 영향을 받은 몇몇 후스파 설교가들이 번갈아 가면서 설교하였다. 예를 들면 1523년부터는 개혁파 종교의회의 최고 행정관이었던 하벨 짜헤라Havel Cahera가, 1539년부터는 바츨라프 미뜨마넥 박사 같은 인물들이 담당하였다. 이 두 사람들은 페르디난드 1세의 반종교개혁 시대에 프라하에서 추방되었다. 다음으로 1542년부터 후스파 종교의회의 책임자가 된 얀 미스또뿔(+1568)이 띤 교회의 탁월한 설교자가 되었으며, 루돌프 2세 황제 대헌장 발표 이후에는 엘리아쉬 슈드(1609-1614)가 설교자가 되었다. 1618년 프리드리히 팔츠끼를 왕위에 즉위시킨 이지 디까스뚜스(1614-1621)가 마지막 후스파 사제였는데, 그는 빌라 호라 전투 이후 드레스덴에서 망명자인 채로 생을 마쳤다.

띤 교회에 안치된 역사적인 무덤들

띤 교회에서 얀 로키차나 선생의 장례식이 있었다(1471). 후에 여기서 1484년부터 후스파 신부로 임명된 미란도라의 루찌안Lucian z Mirandoly 비숍의 장례식이 있었다(1493). 또한 1601년 이곳에서 루돌프 2세 황제 시대에 유명한 덴마크 천문학자 개혁파 띠호 브라헤Tycho Brahe의 장례식이 있었다. 그의 장례식에서 후에 귀족들의 반란(번역자 주-30년전쟁의 시작)의 지도자 가운데 한 사람이며 구시가 광장에서 처형당한 대학 총장 얀 예세니우스dr. Jan Jesenius 박사가 설교를 하였다. 띠호 브라헤의 무덤이 오늘날까지 교회당의 중앙 제단 앞 오른쪽 기둥 옆에 보존되고 있다. 2010년 11월 15일 프라하 시는 덴마크 과학자들과 체코 과학자들이 띠호 브라헤 무덤을 열고 머리카락과 뼈 등 일부를 채취하여 그의 죽음을 규명하도록 하였다.

띠호 브라헤는 1567년 12월 14일 덴마크에서 태어났고, 1901년 10월 24일 프라하에서 죽은 개혁교인이다. 원래 이름은 Tyge Ottesen Brahe이다. 그는 지구 주위로 해와 달이 돌고 다른 행성은 태양주위를 돈다는 지구중심의 우주이론을 주장하였다. 그의 이론은 프토레마이오스의 지구중심이론(천동설)과 코페르니쿠스의 태양중심이론(지동설)을 절충한 이론이다. 그의 죽음에 대해서 신장질환 사망설과 연금실험으로 인한 약품중독 사망설 등이 최근에 대두되고 있다.

띤 앞의 성모 마리아 교회

6.
부도보의 바츨라프 부도베쯔 집

   띤 학교(띤 교회 정면 오른쪽 바로크 건물로 14세기 초에 세워진 학교) 모퉁이에서 띤 거리$^{\text{Týnská ulice}}$로 돌아서 아름다운 장식이 있는 서쪽 교회당 출입구 쪽을 따라 50미터쯤 걸어 띤 안마당 운겔트^{Ungelt} 앞에 있는 마당까지 간다. 부도보의 바츨라프 부도베쯔$^{\text{Václav Budovec z Budova}}$경을 기념하는 방패와 기사상과 기념현판이 붙어 있는 7 / 627 건물 왼쪽에 멈추어 보자. 바츨라프 부도베쯔는 종교개혁 시대 말에 체코 개혁교회 대표들의 지도자이자 형제단의 탁월한 멤버였다. 그는 체코 시민봉기의 리더로서 구시가 광장에서 처형당하였다. (그 당시 그 고딕식 저택은 1617년부터 부도베쯔의 부인 바르템베르크의 안나$^{\text{Anna z Vartemberka}}$의 소유였고, 그래서 빌라 호라 전투 이후 처형당한 종교개혁 지도자들의 재산몰수에 해당되지 않았다.) 집에 있는 동상은 바츨라프 부도베쯔를 아무 색깔이 없는 셔츠를 입고 사형장으로 향하는 귀족의 모습으로 표현하고 있다. 동상의 발 아래에는 그의 기도가 적혀 있다.

   "주여, 나의 영혼을 거두어 가셔서 내 조국으로 오고 있는 악한 것들을 보지 않게 하소서."

문화재 안내판에는 "부도베쯔는 신앙의 자유와 영토의 권리를 위해 싸우다 1621년 6월 21일 처형당한 27명의 체코 귀족 가운데 두 번째 지도자였다."라고 설명하고 있다.

띤 앞 정원 끝 부분에 있는 부도베쯔의 집 바로 뒤에는 띤 정원 지역 운겔트로 들어가는 문이 있는데, 운겔트에 대해서는 이미 띤 사제관에 대해 설명했을 때 언급하였다. 남쪽에서 정원으로 들어가면 2/640호의 그라노브스끼Granovský의 집으로 이어지며, 이 집은 프라하에서 가장 잘 보존된 르네상스 양식의 집으로 유명하다. 앞 정원의 양 날개쪽에 북이탈리아 르네상스 양식의 '로지아'(한쪽에 벽이 없는 복도 모양의 방)가 보존되어 있다. 90년대에 운겔트 전 지역이 식당으로 개조되어 가까이서 볼 수 있게 되었다.

부도베쯔의 집

만약에 시간이 있다면 북쪽 출입지역을 빠져나와 말라 슈뚜빠르스까 거리Malá stuparská ulice로 나오면 왼쪽 편에 구시가지 교회당들 가운데 두 번째로 큰 성 야쿱sv. Jakub 교회를 볼 수 있다. 그리고 여기에는

성 야쿱 교회당

프란치스코 수도원이 있다. 교회 본당 회중석은 프라하의 재가톨릭화 시기에(1689) 성 비트 교회당 수리 직후 바로크 양식으로 수리되었다. 이곳은 현재 교회당 가운데 최고의 음향을 자랑하고 있어 연주회장 또는 음악 녹음실로 각광받고 있다.

띤 안마당에서 같은 길로 되돌아 나와 띤 거리와 구시가 광장 모퉁이에 서 있는 신고딕 양식의 탑이 있는 집(13/605호), 석종(石鐘)이 있는 집

U Kamenného zvonu 앞에 선다. 이곳은 까렐 4세가 까렐 1세처럼 즉위하기 전에 어머니 엘리슈까 프제미슬로브나Eliska Premyslovna와 잠시 거주한 집이다. 1980년대에 원래의 초기 고딕 양식으로 재건하였고, 돌을 깎아 종을 만들었다.

석종이 있는 집

7. 살바또르 개혁교회

띤 거리$^{Týnská\ ulice}$ 코너에서 북쪽 구시가 광장 후스 동상 방향으로 서쪽 파지슈까$^{Pařížká\ ulice}$ 거리까지 걸어간다. 여기서 약 100미터 정도 거리를 따라 걸어가다가 오른쪽으로 돌아 꼬스떼츠나^{Kostečná} 거리로 들어선다. 그곳에 제일 큰 프라하 개혁교회 우 살바또라$^{U\ Salvátora}$(라틴어로 salvator는 구원이란 뜻이다.)가 서 있다. 이 건물의 역사 역시 체코 시민봉기와 구시가 광장의 처형과 관련이 있다.

살바또르 교회

독일 고딕 르네상스 양식의 원래 교회당은 '루돌프 황제 헌장'(1609) 발표 직후인 1611~1614년에 요하킴 안드레아스 쉴릭$^{Joachim\ Andreas\ Schlick}$(체코이름은 šlik

이다.)의 지휘로 건축되기 시작하였다. 쉴릭의 가문 문양은 오늘날까지 교회당 지붕 뒤편에 보존되고 있다. 1600년대에 쉴릭 가문의 요아킴파는 북서체코에 큰 은광과 몇몇 영지를 소유하고 있었다. 또한 다른 나라의 많은 개혁교도들도 체코 루터교인들이 사용할 큰 교회를 건축하는 데 많은 도움을 주었다.

쉴릭 백작은 체코의 독일 개혁교회 교인의 대표로서, 반합스부르크 시민 반란의 지도자 가운데 한 명으로 프리드리히 팔츠끼^{Fridrich Falcký}의 짧은 통치 기간 중에(1619 – 1620) 활동했던 국가의 최고 재판관이었다. 그래서 빌라호라 전투 이후 처형 귀족 명단에 첫 번째로 그의 이름이 올랐다. 당시 살바또르의 설교자는 다비드 리빠흐^{David Lippach}였는데, 그는 1621년 6월 21일 구시가 광장 처형에서 쉴릭과 다른 4명의 독일 귀족을 돌보는 것을 허락받았다.

교회 천장에 새겨진 글귀

살바또르 개혁교회는 어떤 유명한 성자가 아니라 구원자 예수 그리스도에게 봉헌되었다는 사실이 교회당 높은 지붕에 라틴어로 쓴 '구원, 예수 그리스도'로 알 수 있다. 교회당 동쪽 끝 반원형 천장에는 사도행전 4 : 12을 인용한 말씀이 기록되어 있다. "Non enim est in alio aliquo salus : 다른 이로서는 구원을 얻을 수 없나니". 또한 화려한 프레스코로 묘사된 축복하는 구원자의 그림 위에 봉헌된 문장은 "Sacrum DNORO(Domino nostro) Salvatori totius mundi Christo : 우리의 주, 세상의 구원자, 그리스도께 드립니다."이며, 반대편에는 이사야 49 : 23을 인용한 "Reges erunt nutricii tui : 왕들은 네 양부가 되며"가 있다.

아우그스부르크(루터교) 신앙고백의 프라하 개혁교도들은 박해를 받고 빌라호라 전쟁 시대를 거쳐, 리빠흐 목사가 추방을 당하는 1622년까지 살바또르 교회에서 예배를 드렸다. 그 기간 중에 경고 차원으로 구시가 광장에서 처형된 12명의 핵심 귀족들의 머리를 교각 탑에 매달자, 신자들은 그들의 머리를 내릴 수 있도록 허락 받아 장례식을 치르고 교회의 무덤에 묻었다.

반종교개혁 초기에 프라하에서 쫓겨난 살바또르 교회의 목회자와 대부분의 교인들(독일인들과 체코인들)은 믿음의 동료인 독일 루터교인들의 허락으로 성 얀 교회를 사용할 수 있었다. 덕분에 그들은 드레스덴에 안착하게 된다. 후에 그들의 망명 교회의 후손들이 드레스덴에 프라하 살바또르 전통과 관련해 'Erlöserkirche'(구원자의 교회)라는 이름의 새로운 교회를 세웠다.

빌라 호라 전쟁 이후 재가톨릭화가 선언되고, 살바또르 교회는 이웃하는 바울회 수도원에 소속되었다. 30년전쟁 중인 1631년에 색슨지역에서 온 군대가 프라하를 점령하자 많은 이주 개혁교도들이 돌아왔다. 그들은 교각 탑에 매달려 있던 처형당한 귀족들의 머리를 내려 장례지내고 살바또르 교회의 무덤에 묻었다. 그러나 나머지 유골들은 후의 몇 차례 조사와 20세기의 수리 중에도 발견되지 않았다.

17세기 말에 바울 수도사들이 교회를 인수하여 수도원과 왼쪽 갤러리를 계단 통로로 연결시켰다. 요세프 2세 때는 수도원 문을 닫고 교회당 공간을 조폐국으로 사용하였다. 1781년 관용의 칙령이 발표된 후, 프라하에 남아 있던 루터 교인들이 다시 교회당을 개혁교회 소유로 하려고 시도하였으나 실패하였다. 100년이 지나 프로테스탄트 칙령(1861. 4. 8.)이 발표된 후에야 프라하의 개혁 루터교회가 교회당을 돌려받을 수 있었다. (그 무렵 이 교회의 유명한 교인으로 역사가 프란티쉑 빨라츠끼[František Palacký]가 있다.)

1918년에 체코 루터교회와 개혁교회들이 체코형제복음교단(ĆCE)으로 통합된 뒤, 살바또르 교회는 총회 예배와 전체 교회 모임을 위한 교단의 중심 교회가 되었다. 1970년대에 전체 교회들의 도움으로 교회당이 수리되어 현재의 모습으로 서 있다.

8.
성령 교회

　살바또르 교회 뒤쪽 꼬스떼츠나 거리로 계속 가다가 거기서 왼쪽으로 돌아 두슈니 거리로 가서 사거리를 가로질러 맞은편 낡은 성령 교회까지 간다. 그 교회는 지을 때부터 이웃하는 베네딕트 수도원과 연결되어 있다. 성령 교회는 후스파 혁명의 시대에 부분적으로 손상되었고 한때 폐쇄되었다. 이후 교회는 대대적으로 수리되고 난 후인 16세기 말부터 멀지 않은 곳에 살바또르 교회가 건축될 때까지 프라하의 독일 루터교인들이 사용하였다.

　반종교개혁 이후 성령 교회Kostel sv. Ducha는 다시 로마가톨릭교회에 넘어갔다. 그리고 교회당 입구 전면에 걸인에게 자선하는 성 얀 네뽀무쯔끼sv. Jan Nepomucký 동상이 세워졌는데, 그것은 구시가 광장의 성 미꿀라쉬sv. Mikuláš 교회당에서 가져온 것이다. 1689년에 대화재 이후, 교회당은 바로크 양식으로 재건되었다.

　성령 교회 뒤쪽 구시가로 계속 걸어가면 포르투갈과 스페인의 중세 유대인들이 거주했던 지역이 나온다. 시내 중심부 근처에 자리잡은 동료들과 떨어진 몇몇 이주자들이 모여 회당을 세운 곳이다. 나중에 이곳은 구(舊)학교$^{Stará\ škola}$라고 알려진다. 오늘날 뒤쪽 골목길 이름이 우 스따레 슈꼴리$^{U\ staré\ skoly}$라는 것이 이런 사실을 상기시켜 준다. 후에 이 자리에 스페인 시나고그 (회당)가 무어인 양식으로 세워졌고(1868), 오늘날에는 유대인 박물관으로 사용되고 있다.

성령 교회

9.
성 시몬과 유다 교회

스페인 회당 Španělská synagoga에서 두슈니 Dusní 거리를 따라 광장 반대쪽인 강변 방향으로 두 블럭을 계속 걸어가면 오른쪽 모퉁이길에 우 밀로스르드니흐 U Milosrdných 거리에 이른다. 여기서 요세포프 구역 저지대 강 제방 위에 서 있는 성 시몬과 유다 교회 Kostel sv. Simona a Judy의 모습을 볼 수 있다. 또한 성 시몬과 유다의 고딕식 채플과 더불어, 프라하 빈민들을 위한 보후슬라프 병원이 14세기 중엽부터 여기에 있었다. 후스주의 시대에 이 채플은 이종성찬 교회 관할하에 있던 교구 교회였다. 그러나 루돌프 헌장 발표 이후(1609. 12. 9.), 이종성찬주의자 종교의회는 베들레헴 채플과 프라하의 다른 두 교회, 그리고 성 시몬과 유다 교회 건물을 형제단에게 넘겨준다. 형제단은 채플을 넓은 공간을 갖춘 교회당으로 바꾸었는데(1615-1620), 오늘날까지 그 내부와 음향상태가 잘 보존되어 있다. 지금도 여기에서는 중요한 축하 행사나 콘서트가 자주 열린다.

형제단은 개축한 채플 옆에 독일 신자들과 서쪽에서 이주해 온 발룬(Wallon) 개혁교도들을 위한 작은 교회를 하나 더 세웠다. 그 교회는 1620년 의장 꼬네츠니에게 헌정되었으나 오늘날에는 남아 있지 않다.

빌라 호라 전투에서 개혁교도들이 패배한 후에, 승리한 합스부르크 왕 페르디난드 2세는 시몬과 유다 교회를 1620년 크리스마스에 밀로스르드니 수도회(종교자선단체)에게 선물한다. 수도사들은 신축한 수도원과 병원을 교회에 연결한다. 성 시몬과 유다 교회는 솟아 있는 탑쪽으로 확장 건립된 수도원 이전 병원 건물과 연결되어 있다. 이 병원에는 18세기 말부터 프라하 최초의 진료소와 해부학 강의실이 위치하고 있다. 1751년 교회 외관이 바로크식으로 개축되었고 이 모습은 오늘날까지 그대로 남아 있다. 이 교회의 바로크 양식 오르간은 그 시대에 요세프 하이든과 W. A. 모차르트가 연주하기도 하였다. 우 밀로스르드니흐 거리쪽 교회의 동편에는 라틴어로 이러한 성경말씀이 새겨져 있다.

성 아네슈까 수도원  시몬과 유다 교회

"Dilige deum ex toto corde et proxium tuum sicut te ipsum. — 네 마음을 다하여 하나님을 사랑하고 네 이웃을 네 몸과 같이 사랑하라."

예전 병원 건물을 따라 우 밀로스르드니흐 거리를 죽 올라가서(북쪽으로) 코지$^{Kozí\ ulice}$ 거리를 가로지르는 교차로를 건넌다. 다른 쪽 코지 거리에서 몇 걸음 더 내려가면 성 아네슈까 수도원$^{Klášter\ sv.\ Anežkz}$으로 가는 우 밀로스르드니흐 거리가 이어지며, 수도원 안에는 국립미술관이 자리하고 있다.

성 아네슈까 수도원은 프라하 종교개혁과 크게 상관없지만, 프라하에 남아 있는 가장 오래된 고딕식 건물이므로 아주 기본적인 사항만 언급하도록 하겠다. 바츨라프 1세(+1253)의 누이인 아네슈까 공주가 프란치스코 수녀회에 들어가고, 1234년, 이곳에 있는 작은 프란치스코 수도회 옆에 수녀원을 건립한다. 그리고 14세기에는 이곳에 두 개의 교회가 세워진다. 성 클레어 수녀회를 위한 성 바르보라 교회와 프란치스코 수도회를 위한 성 프란치스코 교회이다. 후스주의 시대에는 이 수도원들이 해체되었으며, 1626년 성 일리 교회로 옮겨지기 전인 1556년에 도미니크 수도사들이 이곳에 머무르기도 하였다. 그 이후에야 수녀들이 수녀원으로 돌아올 수 있었다. 1782년에 수도원들은 완전히 없어졌으며, 차츰 창고와 프라하 빈민을 위한 집으로 용도가 변했다. 이 황폐했던 건물은 20세기 후반에 들어서야 본래의 모습을 되찾았으나, 오늘날 옛 수녀원은 국립문화재로서 문화적인 용도로 사용되고 있다. 2011년 12월 체코공화국 하벨 초대 대통령 장례식 직전 국민들이 조의를 표할 수 있도록 그의 유해를 전시하였던 곳이며, 하벨과 그의 부인 다그마르의 비영리 재단이 위치한 곳이다.

10. 성 하슈딸 교회

성 아네슈까 수녀원 앞의 마당에서 남동쪽의 아네슈스까 거리를 지나 하슈딸 광장Hastalské náměstí에 있는 성 하슈딸 교회Kostel sv. Haštala(라틴어로 Castellus)로 가자. 이 교회는 프라하에서 제일 오래된 교회 중 하나이고, 나중에는 바로크화 되었음에도 불구하고 교회 내부의 몇몇 부분들은 14세기의 본래 고딕식 모습을 잘 보존하고 있다. 이 교회의 역사는 프라하의 루터파 교도들, 그리고 신 이종성찬주의자들과 밀접하게 관련되어 있다. 초기 후스주의 시절에는 이종성찬 교회가 이 교회를 운영하였지만, 16세기 후반부터 루터파 설교자인 드라죠프의 M. 사무엘 마르띠니우스M. Samuel Martinius z Drazova가 이곳에서 시무하기 시작한다. 그는 1639년 색슨에서 망명 중 사망한다.

여기서 드라죠프의 마르띠니우스에 관하여 자세히 알아보고자 한다. 드라죠프의 마르띠니우스는 마틴 루터와 얀 후스의 가르침을 비교하는 글을 써서 대학에서 유명해졌다. 반합스부르크 봉기 때에 그는 봉기의 지도자들과의 토론에서 개혁파 종교의회의 영향력 있는 고문이기도 하였다. 결국 그는 새로 뽑힌 왕과 종교의회 사이의 중재자 역할을 맡게 되고, 1575년 프리드리히 팔츠끼 왕에게 체코신앙고백의 내용을 소개하게 된다. 그는 교리상으로 루터파의 신학자로 분류된다.

형제단의 교리를 날카롭게 반박한 개혁교도들이 빌라 호라 전투에서 패배한 후, 마르띠니우스는 프라하의 믿음의 동료들과 함께 색슨지역의 피르나로 피신하고, 그곳에서 망명 교회를 세운다. 1631년 가을 색슨족이 프라하를 공격할 때 그는 프라하로 돌아온 몇몇 망명자 중 하나였다. 이후, 그는 처형당한 11명의 두개골을 모스떼츠까 탑에서^{Mostecká vez} 거두어 경건하게 장례식을 치르고, 1632년에 루터파 교회인 살바토르 교회^{Kostel U Salvátora} 납골당에 안장한다. (쉴릭 백작의 유골이 포함되어 있었는지는 아직 밝혀지지 않고 있다.) 마르띠니우스는 일시적으로 귀국하였을 때에 이종성찬 교회의 행정 관리자로 다시 선출되지만 곧바로 색슨의 망명길로 돌아가야 했다. 그리고 그는 그곳에서 신학적 작업을 계속함은 물론 체코형제단과 꼬멘스끼와 끊임없이 교리상의 논쟁을 계속하였다.

합스부르크의 재가톨릭화 시기에 하슈딸 교회는 큰 화재로 사라지고, 1689년 바로크식으로 재건되었다. 교회의 북쪽 본당은 가는 기둥들과 함께 프라하 고딕 건축물의 귀중한 유산으로 전해져 오고 있다.

교회 건물을 뒤로 하고 하슈딸 광장에서 북쪽으로 리브나 거리^{Rybná ulice}를 돌아 들로우하 거리^{Dlouhá ulice}를 만나서 왼편으로 돌아보자. 100미터 정도 걸어 내려오면 레볼루츠니 거리^{Revoluční třída}가 나온다. 신호등을 건너 왼쪽으로 꺾어 50미터쯤 내려오면 오른편에 끌리멘트스까 거리^{Klimentská ulice}가 있다. 이곳에서 작은 광장 쪽으로 조금 걸어가다 보면 오늘에까지 종교개혁의 과거가 남아 있는 다른 교회가 서 있다.

성 하슈딸 교회

11.
끌리멘트 개혁교회

도미니크 수도회의 원 로마네스크 양식 성 끌리멘트$^{\text{u sv. Klimenta}}$ 채플은 프라하 외각 우예즈드^{Újezd} 마을에 있었다. 우예즈드는 블라디슬라프 1세(+1173)가 1165년 독일인들의 이주를 허락한 곳이다. 까렐 4세 집권 당시 이 마을은 프라하 신시가(노베 미예스또)$^{\text{Nové Město}}$로 통합되고, 채플은 고딕 양식의 교회로 건축되어 시 소속 교회가 된다. 오늘날까지도 여기엔 오리지널 둥근 천장과 그 안의 프레스코화가 남아 있다. 대화재를 겪은 후 교회는 고딕식 형태로 완전히 복구되지만 본당 회중석(會衆席)의 아치는 야겔론 왕조 때에 부분적 변경을 거치게 된다.

종교개혁시대 이전 1407년부터 성 끌리멘트 교회의 사제는 얀 쁘로띠바$^{\text{Jan Protiva}}$로, 얀 후스보다 6년 먼저 베들레헴 채플에서(1394-1396) 시무하였다. 위클리프 교리 논쟁 때에는 반대편에 섰는데, 이는 곧 후스가 콘스탄츠 종교회의에서 유죄 판결을 받을 때까지 반후스파였다는 것을 의미한다. 프라하에서 후스파가 승리하게 되자 은둔생활을 하였으며 교회는 계속하여 이종성찬주의자들이 관리하였다.

후기 후스주의 때에는 근처 나뽀지취$^{\text{Na Poříčí}}$ 거리에 있는 성 베드로 교회의 이종성찬주의 성직자들도 번갈아 가며 이 교회를 관리했다. 이 교회의 이종성찬주의 마지막 사제였던 또비아쉬 알베르뚜스[Tobiáš Albertus]는 빌라 호라 전투 후인 1621년 12월 프라하에서 추방당한다. 재가톨릭화 시기 때에는 이 교회도 가톨릭화되고, 그 중요성도 점점 사라지게 된다. 1689년에는 화재로 인해 교회의 지붕과 서까래가 모두 손상을 입었고, 둥근 천장 부분을 수리해야 했다. 요세프 황제의 개혁시기에는 교회와 그 옆에 있던 묘지 모두가 없어지고 곡물 저장 창고로 이용되었다. 그러나 프란티쉑 요세프 1세에 의한 '프로테스탄트 칙령'(1861년 4월 8일)이 내려지기 전인 1850년에 프라하 스위스 개혁신앙고백 교회(장로교회)는 아주 황폐해진 이 교회 건물을 27.500즐라띠(금화)를 주고 구입한다. 이 돈의 모금과 끌리멘트 교회의 새로운 일들을 하는 데에는 이 교회의 베드지흐 빌렘 꼬슈뜨[Bedrich Vilém Košut] 설교자의 공헌이 컸다. 그때까지 교회는 소지구(말라 스뜨라나)[Malá Strana]의 성 미할 옛 예수회 수도원[Klášter sv. Michala] 건물의 홀을 빌려 예배를 드렸다. 현재 그곳에는 체코의 정부기관이 들어서 있다.

B. V. 꼬슈뜨는 관용의 칙령시대 설교자 세대에 속한다. 체르닐로브[Černilov]에 있는 스위스 개혁신앙고백 교회 출신이고, 슬로바키아에서 공부하였는데, 모드라에서 신학을, 쁘레슈뻬르크에서 법을 공부하였다. 1847년 프라하 개혁교회의 설교자로 부임하면서 달변의 설교자 및 행정 관리자로서(심지어 20명의 가톨릭 신부들을 개종시켰다) 충실하게 자기역할을 다하였다. 1848년에는 자신의 교회를 위하여 프라하 시에 사용되지 않던 구시가의 성 미꿀라쉬[Kostel sv. Mikuláše] 교회 건물을, 이후에는 신시가지에 있는 성 까렐 보로메이스끼 교회[Kostel sv. KarlaBoromejského]를 사용할 수 있도록 청원하였다. (1850년에는 개인 소유주로부터 성 끌리멘트 교회 건물을 구입하는 데에 성공한다.) 그는 설교할 때나 강연할 때, 혹은 「체코형제소식지」[Českobratrský Hlasatel] 잡지에 기고할 때도 체코 개혁의 정신적 유산을 호소하였다.

또한 이르하지흐의 성 미할 학교의 루터교 교수인 Lic. J. 루쥐츠까[Lic. J. Růžička]도 그와 함께 체코 관용의 교회들의 연합과 체코 개혁신학부 설립에 힘썼다. 그리고 그는 선교적 열정과 애국심으로 구교도 세력과 세속적 권위에 대항하였다. 결국 꼬슈트는 1852년 체포되어, 1853년 오스트리아의 클라겐푸르트[Klagenfurt]로 이송되었고, 1857년 출소한 이후에도, 프라하로의 귀향이 금지되어 독일의 라인란트[Rheinland]에서 개혁교회 사제직을 받아들인다. 1861년에 그는 체코 개혁교회들의 감독으로 선출되었지만 정식 인준은 받지 못하고, 1893년에 독일에 있던 아들 곁에서 숨을 거둔다.

끌리멘트 교회에서는 꼬슈트 이후에도 뛰어난 사제들이 계속 배출되었다. 이들 중 한 명이 1894년부터 활동하였던 요세프 소우첵[Dr. Josef Souček] 박사로, 체코 개혁교회와 루터교회가 연합된 이후 1918년, 체코형제복음교단[ČCE]의 초대 총회장으로 선출된다.

1918년부터 끌리멘트 교회는 체코형제복음교단의 지역 교회로 사용되었으며, 1975~1980년까지 시의 도움을 받아 고고학 연구원들과 연합하여 광범위한 수리를 감행한다. 1990년 건물 정면도 오늘날의 온화한 형태로 수리하였다. 1578년(1575년 체코신앙고백 선언 이후)부터 교회 정문 현관에 새겨져 있는 성경말씀으로 지난 종교개혁의 과거를 회상해 볼 수 있다. 이는 베드로전서 1 : 24의 말씀이다(공동번역).

"주님의 말씀은 영원히 살아 있다"[Slovo Páně zůstává na věky]

교회에는 1606년과 1609년 날짜가 기록된 두 개의 대리석 묘비가 있는데, 이는 체코형제단원이었던 흐라데쉰 출신 귀족부인들의 기념비이다. 교회 안쪽에 있는 1609년에 조각장식이 된 교회의 성구 보관실 옛날 문들도 귀한 유물이라 할 수 있다. 더구나 예루살렘에 입성하는 예수님, 못 박히고 부활하신 모습을 그린 14세기 프레스코가 고고학 조사를 하는 중에 교회당 둥근 부분에서 발견되었다. 믿음, 소망, 사랑을 상징하는 세 천사가 그림의 배경으로 그려져 있다.

교회를 나와 50미터 정도 내려오면 끌리멘트스까 거리^{Klimentská ulice} 18번지에 끌리멘트 교회 목사관 및 일반인들이 사는 건물이 있다.

관용의 칙령 – 번역자 주

오랫동안 지속되던 반종교개혁이 내적 외적으로 체코의 개혁교도들을 무기력하게 하였음에도 불구하고 체코와 모라바 지역에서 160년간 극심한 박해의 시대에 약 8만 명의 비밀개혁교도들이 존재하였다. 결국 계몽주의 시대의 통치자 요세프 2세 황제가 종교의 자유의 평화를 선언하였다. 1781년 10월 13일 합스부르크 군주국 지역의 비가톨릭 교도들에게 종교의 관용을 허락하는 관용의 칙령(Toleranční patent)이 발표되었다. 관용은 사실상 로마가톨릭 교회의 엄격한 감독 아래에서 개혁교도와 다른 소수 신앙 집단에게 허락한 종교의 자유였다. 그럼에도 불구하고 관용의 선언이 그때까지도 존재하였던 지하 개혁교도들에게 구원의 상징이 된 것은 그들에게 교회조직과 공개적인 신앙고백의 가능성이 열려졌기 때문이다. 그러나 단지 아우크스부르크(루터의 신앙고백)나 스위스 개혁교회의 신앙고백, 이 두 개의 신앙고백밖에 공식적으로 허용되지 않아 후스파와 형제단의 체코 후예들은 실망을 하였다. 처음에 등록한 70,000명의 개혁교도 가운데 대부분이 아우크스부르크 신앙고백보다 자신들의 예전에 가까운 스위스 개혁교회의 신앙고백을 선택하였다.

황제의 관용의 선언은 100가정 또는 500명의 신도가 등록된 곳에 개혁교회 공동체의 설립을 허용하였다. 새로운 교회 공동체는 교회당의 탑과 종이 없는 단순한 형태의 예배당을 건축할 수 있었고, 그나마 그것도 마을의 변두리에나 가능하였다. (이것을 후에 관용의 교회당들–tolerancni kostely이라고 부른다.) 교회 공동체들은 자신의 설교자를 임명할 수 있었고, 후에 교회학교의 교사도 임명할 수 있었다. 그러나 그들의 사례비는 반드시 로마가톨릭 기관에서 지급하도록 되어 있었다. 개혁교회의 어떠한 선교활동도 금지되었고 새롭게 등록하는 개혁교도는 로마가톨릭 사제에게 특별한 종교교육을 받아야 했다. 이처럼 많은 장애에도 불구하고 관용이 선포된 후 5년 만에 루터의 신앙고백에 19,000명, 스위스 개혁교회의 신앙고백에 59,000명, 모두 78,000명의 개혁교도들이 등록하였다. 1787년에 76개의 교회 공동체가 조직되었고 53개의 교회학교가 설립되었다.

12. 성 베드로 교회

끌리멘트스까 거리$^{Klimentská\ ulice}$ 18번지의 목사관으로부터 거리 아래쪽으로 내려오면 바르비즈스까 거리$^{Barvířská\ ulice}$의 끝과 만난다. 이곳에서 오른쪽으로 돌아 뻬뜨르 광장$^{Petrské\ náměstí}$ 쪽으로 계속 간다. 왼편으로 뻬뜨르 광장이 나타난다. 이곳에서 바로크식 둥근 지붕이 있는 오래된 종탑이 눈에 띈다. 이전에는 구 베드로 묘지로 통하는 입구로 사용하던 곳이다.

성 베드로 교회는 오늘날 로마네스크 바실리카가 있던 비스꿉스까 거리$^{Biskupská\ ulice}$ 종탑 옆에 자리하고 있다. 이 바실리카(대성당)는 블라디슬라프 1세$^{Vladislav\ I}$(+1173)가 프라하로 초청하여 블타바 강변 나뽀지취 마을에 정착한 독일 상인들이 1172년에 세운 것이다(원래의 로마네스크 건물에서 두 개의 멋진 첨탑이 오늘날까지 남아 있다). 13세기 중반까지 '독일 기사단'과 '붉은 별 십자군 기사단'의 두 수도회가 번갈아가며 이 교회를 맡았다. 까렐 4세 때에 이 교회와 더불어 나뽀지취 지역은 신도시로 편입되고, 그때까지 남아 있던 로마네스크 바실리카는 고딕식으로 개축된다.

후스종교개혁 시대 때에 성 베드로 교회는 이 종성찬주의 소속 교회였고, 후기에는 프라하 신이종성찬주의 교회에 소속되어 교회를 부분적으로 수리한다. 재가톨릭화가 시작된 후에 성 베드로 교회에는 '붉은 별 십자군 기사단'들이 돌아왔으며(이들의 문장은

성 베드로 교회

비스꿉스까 거리 13번지에 있는 성 베드로 교회 목사관 앞에 보존되어 있다.), 교회는 요세프 개혁 때에도 그들의 소속이었다. 1874~1876년 교회당 정면부가 후기 고딕 양식으로 개축된다. 중앙 제단에 성 베드로와 함께 있는 예수 그림(V. V. Reiner 작품)과 왼편 탑 아래 구석에 있는 성 베드로 조각상(M.V. Jäkl 작품)은 교회당 내부가 바로크화되었음을 잘 보여 주고 있다. 도시의 조용하고 외진 곳에 서 있는 이 흰 교회건물과 종탑은 이곳에서 얼마 멀지 않은 현대식 프라하 중심지의 번잡함과는 대조를 이루고 있다.

여기서 우리의 두 번째 도보여행은 끝이 난다. 비스꿉스까 거리에서 대략 100미터 정도 내려오면 나뽀지취 거리가 나온다. 왼편에 있는 전차 정류장에서 3번이나 24번을 타면 바츨라프 광장[Václavské náměstí]의 지하철역 무스텍[Můstek]으로 연결된다. 그러나 우리는 계속 왼쪽으로 향하여 떼슈노프[Tešnov] 교차로를 지나 플로렌츠[Florenc] 지하철역으로 가서 B선을 타고 다시 무스텍역으로 가도록 한다.

세 번째 구역
신시가 –
남쪽과 남서쪽

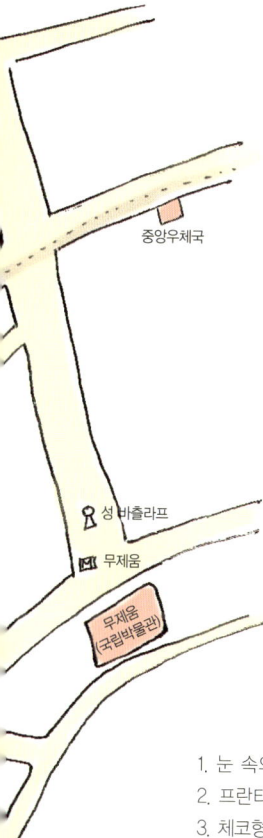

1. 눈 속의 성모 마리아 교회(Kostel Panny Marie Sněžné)
2. 프란티쉑 빨라츠끼의 집(Dům Františka Palackého)
3. 체코형제복음교단의 '후스의 집'(Husův dům Českobratrské církve evangelické)
4. 예로님 프라즈스끼의 집(Dům M. Jeronyma Pražského)
5. 신시청사와 '그리스도의 몸' 채플(Novoměstská radnice a někdejší Kaple Božího těla)
6. 엠마오 수도원(Emauzský klášter)
7. 프란티쉑 빨라츠끼 동상(Pomník Františka Palackého)
8. 성 바츨라프 교회(Kostel sv. Václava)
9. 성 시릴과 메또데이 교회(Kostel sv. Cyrila a Metoděje)
10. 성 보이띠예흐 교회(Kostel sv. Vojtěcha)
11. 성 미할 교회(Kostel sv. Michala)

(세 번째 구역을 구경하며 걷는 데 걸리는 시간은 35~50분)

1.
눈 속의 성모 마리아 교회

세 번째 구역의 시작은 바츨라프 광장 아래쪽에 있는 무스텍 지하철 역에서부터 신도시 후스파의 급진적 지도자 얀 젤립스끼$^{\text{Jan Želivský}}$의 흔적을 따라가도록 한다. 융만 광장$^{\text{Jungmannová nám.}}$ 쪽으로 향해 있는 좁은 도로를 따라 약 100미터쯤 가면 프라하 교회당 중에서 가장 높은 눈 속의 성모 마리아 교회의 높은 벽 앞에 마주하게 된다. 교회 입구는 사제관 북쪽에 있는 문을 통과해 안마당으로 들어가면 나온다. 오늘날에는 오스트리아 문화원이 교회 앞에 자리하고 있다.

'눈 속의 성모 마리아 교회'$^{\text{Kostel Panny Marie Sněžné}}$는 1347년 까렐 4세가 자신의 체코 왕 대관식 때 까르멜 수도회를 위해 세웠다. 그는 세 구역의 회중석을 가진 장엄한 양식의 대규모 고딕교회당 건설을 계획하였다. 처음에는 프라하 교회들 가운데 가장 큰 규모로 구상된 길이 100미터, 높이 35미터의 교회당이었다. 그러나 1398년 까렐이 죽을 때까지 다 완성하지 못하였다.

눈 속의 성모 마리아 교회의 유래

'백설의' 또는 '눈(雪) 속의' 성모 마리아라는 일반적이지 않은 교회의 이름은 이미 로마 Esquilin에 세워진 비슷한 교회와 관련이 있다. 전설에 의하면 교회당 건축가가 교회당의 좋은 터를 알려 주는 하늘의 계시를 받았다고 한다. 8월에 눈이 내리는 바로 그곳이다.

대교회당은 후스파가 두 파로 나뉘어져 서로 전쟁을 하기 시작할 때까지도 완성되지 않았다. 1412년, 까르멜 수도회는 위클리프^{Wycliffe}의 사상을 반대할 뿐만 아니라 일반대중이 좋아했던 베들레헴 채플의 얀 후스 선생도 반대하기 시작하였다. 그때 예로님^{Jeroným} 선생의 지도 아래 있었던 후스파들은 강제로 교회에 들어가서 교회의 장식을 파괴하고 그들에게 가장 적대적이었던 미꿀라쉬^{Mikulas} 수사를 블타바 강에 던졌다. (그러나 그는 어부의 도움으로 살아났다.) 콘스탄츠에서 후스가 죽은 후 1415년 11월에 프라하 시민들은 까르멜 수도회의 수사들에게 그들의 교회에서 이종성찬의 성만찬을 시행하도록 강요하였다. 이듬해 까르멜 수도사들은 콘스탄츠 종교회의에 이에 대한 불만을 토로하고, 후스의 동료이자 친구인 예로님을 고소하여 결국 예로님에게 화형선고를 내리게 한다(1416. 5. 30).

1419년, 후스파의 압력이 거세지자 바츨라프 4세는 프라하의 교회 세 군데에 정기적인 이종성찬 미사를 허락하였다. 그 교회들 가운데 하나가 '눈 속의 성모 마리

눈 속의 성모 마리아 교회

아 교회'이다. 이때 왕의 명령으로 성 슈떼빤$^{sv. Štěpán}$ 교회를 떠나야 했던 얀 젤립스끼$^{Jan\ Želivský}$가 이 교회의 설교자가 되었다.

> **얀 젤립스끼**
>
> 젤리브 출신의 얀은 눈 속의 성모 마리아 교회에 설교자가 되기 전에 베네딕트 수도회의 수사였고 '눈 속의 성모 마리아 교회'에서 죽을 때까지 활동하였다. 그의 불행한 죽음은 구시청사 기념동판과 그의 흉상 조각을 통해 남아 있다. 그는 세속화된 교회의 지도 계층과 프라하의 타락한 사회상을 설교를 통해 대담하게 비판했다. 그는 욕망이 가득한 프라하의 지배 계층을 반대하는 프라하의 하층 계급 시민들의 지도자가 되었다. '첫 번째 프라하 투척사건'(1419년 7월 30일에 신도시 청사 창문 밖으로 공무원들을 던졌던 사건) 이후 그는 프라하 모든 후스파 신자의 지도자가 되었다. 젤립스끼는 슬퍼하는 군중과 추종자들의 애도 속에 '눈 속의 성모 마리아 교회'에 묻혔다.

지그문드^{Zikmund}의 십자군이 비쉐흐라드^{Vyšehrad} 싸움(1420. 11. 2.)에서 패배한 이후, 급진적인 따보르^{Tábor}파 바츨라프 꼬란다 스따르쉬$^{Václav\ Koranda\ Starší}$가 1421년 봄에 '눈 속의 성모 마리아 교회'에서 설교를 했다. 이후 후스파의 급진주의자인 야꿉 블크$^{Jakub\ Vlk}$이 젤립스끼의 후계자가 되었다. 1434년 봄이 되자, 신도시 이종성찬파들은 블크의 선동에 따라 귀족(가톨릭)과 구도시의 온건 후스파 연합군에 대항하여 싸움을 시작하였다. 왜냐하면 그들은 따보르파와의 연대를 포기하길 원치 않았기 때문이다. 쁘로꼬프 홀리$^{Prokop\ Holý}$의 지도 아래 이종성찬파들은 신도시 이종성찬파 형제들을 돕는 것을 표명하였다. 구도시와 신도시의 싸움에 교회당은 심하게 부서졌고 교회 탑은 구도시의 승리자들에 의해 파괴되었다. 블크 사제는 프라하에서 추방당하였고 '눈 속의 성모 마리아 교회'의 신도시 후스파 중심역할은 끝이 났다.

급진적인 후스파가 립빤 전투$^{Bitva\ u\ Lipan}$(1434. 5. 30.)에서 패배한 후에 까르멜 수도회의 수사들이 교회에 다시 돌아왔고, 그들은 교회뿐만 아니라 자신들의 수도원도 재건하였다. 그러나 1483년의 프라하 반란 때 교회는 또 다시 파괴되었다. 그리고 1521년의 후스 기념일에도 교회는 또다시 파괴되었기 때문에 16세기 중반까지 까르멜 수도회의 수사들은 비바람으로 다 쓰러져 가던 교회당과 수도원을 사용할 수밖에 없었다. 1603년에 루돌프Rudolf 2세는 폐허가 된 건물들의 관리를 독일 프란체스코 수도회 수사에게 맡겼다. 이후 수리된 교회당에서 1884년까지 독일어 미사가 진행되었다.

그 후에 세워진 프란체스코 수도회의 건물 앞에는 지금까지 큰 수도원 정원이 남아 있다. 프란띠쉑 정원Františkánská zahrada이라고 하는 이 정원은 1950년에 프라하 시민들에게 개방되었다. 1990년대에는 정원이 공원으로 개축되었고 이제는 도시의 휴식공간이 되었다.

교회 앞 수도원 안뜰에서 융만 광장까지 서쪽 정문을 통해 나갈 수 있는데, 이 광장에는 19세기의 뛰어난 민족부흥운동가 요셉 융만Josef Jungmann의 동상(책을 펼치고 펜을 들고 안락의자에 앉아 있는 융만의 모습으로 조각가 쉬멕L. Šmek이 1878년에 묘사한 작품이다.)이 있다.

요셉 융만Josef Jungmann (+1847)은 시인이며, 문헌학자이자 번역가이다. 그는 합스부르크의 반개혁운동으로 차츰 파괴되는 체코문화, 특히 체코언어의 미래를 걱정하여 체코어를 구하기 위해 일생을 헌신하였다. 다음은 그가 쓴 글이다. "체코 민족은 교황을 벗어나는 영광의 시대에 유럽에서 가장 뛰어났지만 예수회가 지배할 때는 이처럼 밑바닥까지 더이상 떨어질 때가 없었다." 이와 같은 생각은 역사가인 그의 친구 프란띠쉑 빨라츠끼František Palacký(+1876)와 동일하였다. 빨라츠끼의 저택은 차후에 방문할 것이다.

융만 동상에서 일방통행의 융만Jungmannová 거리로 들어간다. 거리의 왼쪽 두 번째의 우 뜨지 흐로젠U tří hroznů이라는 집은 융만이 죽을 때까지 살았던 집이다. 집 뒤로 약 100미터 지나 왼쪽에 있는 빨라츠끼Palacký 거리로 돌아 들어가 보자.

2.
프란티쉑 빨라츠끼의 집

    길 왼쪽 편 중간쯤에 1870년 고전적 스타일로 재건축된 귀족의 저택이 하나 있다. 문 위에는 체코 역사의 아버지로 기억되는 프란티쉑 빨라츠끼^{František Palacký}의 흉상이 있는데, '민족의 아버지'로 알려진 그는 여기서 살고 일하다가 죽었다. (이 집은 1885년에 미슬벡이 지었다.)

    프란티쉑 빨라츠끼(1876)는 모라바 지방의 호드슬라비체^{Hodslavice} 마을에 있는 개혁교회가 세운 학교의 선생님이었다. 현재 슬로바키아의 도시들인 트렌친, 브라티슬라바, 그리고 오스트리아 비엔나에서 공부한 후 슈테른베르크 백작의 사서가 되었고 역사연구에 몰입하였다. 이윽고 체코 왕국의 역사가가 되었으며, 그 시대에 왕성한 활동을 벌이던 요세프 도브로브스끼, 빠벨 요세프 샤프직, 그리고 요세프 융만 등 다른 여러 민족부흥론자들과 함께 일했다. 빨라츠끼는 '체코 박물관과 정기간행물 잡지사' 설립 후에 「고대 체코 연대기」(1829)와 6권짜리인 「체코 고문서」(1840)를 출판했다. 빨라츠끼는 후스전쟁의 시기를 체코 역사에서 가장 큰 오점이라고 여기고, 얀 후스와 뽀데브라디의 이지 연구에 몰입하기도 하였다.

1848년부터 오스트리아 제국에 대한 연구로 고투하면서 그는 국가의 정신적, 정치적 지도자가 되었다. 특히 「체코와 모라바 지역의 체코 민족의 역사」라는 책을 펴냄으로 모국에 큰 기여를 했다(독일어로는 1836년에서 1876년, 체코어로는 1848년에서 1886년에 출간되었다). 그는 3권 전체를 통해 체코 종교개혁의 역사를 다루었다. "하나하나 자신의 것으로, 그러나 항상 진리를 따라" 이것이 인생과 정치에서의 그의 모토였다.

빨라츠끼 저택의 오른편 아래쪽에 그의 손자와, 구체코^{Staročech} 정당 지도자이자 그의 정치적 동반자였던 리거$^{F.\ L.\ Riegers}$(1903)를 기념하기 위한 현판이 있다. 저택의 방들과 가구들, 빨라츠끼와 리거 가족의 유품들은 박물관에서 제공하고 있다.

빨라츠끼의 집

3. 체코형제복음교단의 '후스의 집'

빨라츠끼 저택에서 다시 융만노바 거리로 돌아와 약 50미터 정도, 길 오른편 9번지까지 걸어가 보자. 건물 정면에 후스의 집^{Husův Dům}이라고 기록된 라디슬라브 꼬프라넥이 만든 후스의 동상이 서 있다. 이 동상은 후스파의 상징인 성찬잔을 잡고 있으며, 대학에서 후스의 역할을 기억나게 하는 가운을 입고 있다. 동상 왼편에는 그리스어인 알파와 오메가가 찍힌 성경이 펼쳐져 있고, 오른편에 형제단의 정신적 유산을 상징하는 깃발을 든 어린 양의 체코종교개혁 상징이 있다.

거리와 면해 있는 건물은 이전 시 소속 15번지 건물로서 완전히 재건축하여, 1918년에 체코형제복음교단에 합류한 '관용의 복음교회 교인들로 구성된 협회'가 1915년에 구입하였다. 이곳은 1924년 5월 1일 후스의 집이라는 이름으로 개방되어 '학생들과 젊은 예술가들 그리고 노동자들'을 위한 사회센터로 계획되었고, 복음주의 선교정신을 구현한 단체들의 활동과 강의를 위한 장소로 사용되었다.

위층의 일명 '후스학생의 집'은 1919년에 '후스신학부'라고 새롭게 명명되어 개혁신학부 학생들을 위한 장소로 제공되었다. 1937년에는 마당

안쪽에 5층짜리 다른 건물이 지어졌고, 그 안에 체코형제복음교단의 중앙 사무실과 도서관, 박물관이 자리잡게 되었다. 앞 건물의 3개 층은 1953년에 '꼬멘스끼 신학부'라고 이름이 바뀐 후스신학부가 사용하면서, 뒷 건물의 커다란 강의실도 도서관으로 사용할 수 있도록 빌려주었다.

후스의 집 측과 신학부 사이의 이러한 조정은 신학부가 1990년에 까렐대학교에 소속되고 체르나Černá 거리 9번지에 있는 '마라톤'Marathon이라는 새 대학교 건물로 이전하는 1994년까지 계속되었다.

> **후스의 집**
>
> 후스의 집은 현재 85년이 넘는 역사를 가지고 있는 체코형제복음교단의 출판사와 책방이 앞 건물 왼쪽 맨 아래층에 위치하고 있으며, 오른쪽에는 1999년부터 이곳 책방 이름을 따서 지금까지도 깔리흐(Kalich)라 불리는 극장 사무실이 자리잡고 있다. 극장에서는 고전적 주제의 뮤지컬을 공연하고 있다. 앞 건물의 일부는 '예로님 콜리기움'이라고 불리는 기관에 빌려주었고, 제일 꼭대기에 있는 교회 게스트하우스는 프라하를 방문하는 교회 관계자들을 위한 숙소로 사용하고 있다.

후스의 집 마당 안 오른쪽 벽에 요세프 2세에 의한 관용의 칙령Toleranční patent (1781. 10. 13) 공표 200주년 기념현판이 붙어 있다. 이 현판에는 체코와 모라바에서, 초기 체코 개혁교도 후예들에 의해 생긴 첫 교회들의 명단이 기록되어 있다. 스위스 개혁신앙고백 공동체 59개 교회와 독일 루터 신앙고백 공동체 20개 교회 이름 위에 다음과 같은 짧은 글이 적혀 있다.

> "고난의 시기에 종교개혁의 유산을 지켜온 사람들과 헝가리, 슬로바키아에 새롭게 세워진 개혁교회 출신 설교자들을 기억하면서……"

그 밑에는 체코형제복음교단의 상징인 성찬잔과 성경이 있다.

뒷 건물에는 독서실을 갖춘 도서관이 있고 「체코 형제」$^{\text{český bratr}}$라는 이름의 교회잡지와 젊은이를 위한 잡지 「형제애」^{bratrstvo}의 편집실도 위치해 있다. 2000년에는 전체 건물을 대대적으로 수리하면서 넓은 지하실에 최신식 설비를 갖춘 교회기록보관소를 만들었다.

후스의 집

최초 체코형제복음교회 명단 동판

4. 예로님 프라즈스끼의 집

후스의 집에서 오른쪽으로 융만노바 거리 끝까지 가다보면 보디츠꼬바^{Vodičková} 전차길을 만나는데 그 길을 건너가면 까렐 광장(까를로보 나미예스띠^{Karlovo Namesti}) 방향으로 왼쪽에 우 제치츠끼흐^{U Řečických}라고 써 있는 오래된 건물을 보게 될 것이다. 시민봉기 시기인 1621년에 구시가 광장에서 처형된 이지 제치츠끼가 이 집의 주인이었다.

좀 더 앞으로 가다가 두 번째 거리, 즉 제즈니츠까^{Řeznická} 입구 1/672번지 건물 앞에 선다. 제즈니츠까 거리 쪽에 우 모드레호 르바^{U Modrého lva}라는 저택이 있는데 거기에 예로님 프라즈스끼^{Jeronym Pražský}의 기념현판이 붙어 있다. 예로님 순교 500주년인 1916년에, 콘스탄츠연합 프라하 지부에서 프란티쉑 빌렉이 만든 기념현판을 이 건물에 만들어 붙였다. 이 현판에는 콘스탄츠에서 화염에 싸인 장작더미 한가운데 대학 가운을 입고 가슴에는 성경이 그려져 있는 예로님을 묘사하고 있다. 이 기념판에는 다음과 같이 적혀 있다.

"예로님 선생 1416년 5월 30일 타오르는 말뚝의 화염 속으로 사라지다"

또한 동판 가장자리 부근에는 이러한 헌사가 적혀 있다.

"후스에게는 믿음의 동역자, 진리의 수호자, 예수의 증인"

밖으로 나온 2층 창에는 체코종교개혁을 생각나게 하는 2개의 다른 조각상이 있다. 왼쪽은 얀 후스, 오른쪽이 뽀데브라디의 이지이다. 이 2개의 조각상 사이에 어린이를 향하여 몸을 굽히고 있는 교사 꼬멘스끼의 초상화를 돋을새김(릴리프)해 놓았다.

예로님 프라즈스끼에 대해 좀더 알아보자. 예로님은 부유한 소작농으로 1380년경에 태어났다. 그는 교양문학 석사학위를 받고 까렐 대학을 졸업한 후에 옥스포드에서 학업을 계속하며 존 위클리프의 가르침을 알리기 시작했다. 1402년에 그는 프라하로 위클리프의 글들을 가지고 왔고, 그와 그의 친구 얀 후스는 대학을 통해 영국 종교개혁자들의 중요한 이론들을 전하며 교황 지지자들과 맞섰다. 뛰어난 지각을 가진 사상가 겸 웅변가였던 그는 파리, 쾰른, 하이델베르크, 크라코프, 비엔나에 있는 대학에서 개혁에 관한 위클리프의 생각을 알리기 위해 노력하였다. 그러나 이러한 활동 때문에 가톨릭 종교재판은 그를 이단자로 몰았다.

1412년 고향에서 교황의 면죄부 판매에 대한 저항에 참여했고, 1415년 봄에는 친구 얀 후스를 돕기 위해 종교재판에서 그를 증언하였다. 그러다가 예로님도 투옥되었고, 위험한 반역자로 종교재판에 회부되었다. 그는 오랜 감옥생활과 긴 심문으로 인하여 후스의 주장을 포기하기도 했으나, 다시 후스가 진리의 증인임을 선언하였다. 하지만 1년도 못되어 1416년 5월 30일에 콘스탄츠에서 말뚝에 묶여 화형당했다.

예로님의 집

5.
신시청사와
'그리스도의 몸' 채플

　예로님 기념동판이 있는 건물 반대편, 보디츠꼬바^{Vodičková} 거리에 잇대어 까렐 광장 북쪽 끝에 서 있는 신시청사(번역자 주 – 신시가지의 시청사를 말한다. 프라하는 구시가, 신시가, 소지구 셋으로 구분된다.)의 기념비적인 탑이 높이 솟아 있다. 이 시청사는 까렐 4세가 1377년에 고딕 양식으로 건립하였고, 탑은 1452년과 1456년 사이에 덧붙여졌다. 이 시청사는 1559년 화재 후에 뽀데브라디의 이지에 의해 르네상스식으로 재건축되었다. 그러나 1398년이라고 써 있는 오리지널 고딕 양식 홀의 높은 석조 벽은 보디츠꼬바 거리와 접해 있는 건물 한쪽에 부분적으로 보존되어 있다.

　시청사 탑 앞부분의 석조 복제 종마루 장식은 1651년에 생겼다. 구시청사와 마찬가지로 신시청사도 체코종교개혁 시기에 중요한 역할을 해냈다. 이미 후스 시대 때 면죄부 강매를 역설하는 로마 교황의 교서를 불태우며 일어났던 학생들의 시위가 신시청사 앞 '가축시장'에 있는 죄수들의 형을 집행하는 장소에서 열렸고, 그 이후 여러 가지 다른 시위들이 이곳에서 일어났다.

체코형제복음교단 박해 초기 단계에는 그 창시자인 제호즈 끄라이치와 7명의 다른 형제들이 신시청사 토굴 안에 감금되었다가 대주교 얀 로키차나의 중재로 3개월 만에 풀려난 일도 있었다.

1575년에 체코신앙고백$^{\text{česká konfese}}$으로 귀족이나 시민들뿐 아니라 농노들까지도 완전한 종교의 자유를 보장받았다. 그러나 1575년 직전까지 체코형제단의 신앙은 금지되었다가 체코신앙고백 허락 이후부터 비로소 베들레헴 채플 이외에 프라하에 자신들의 예배 처소를 얻을 수 있었다.

1609년 5월 9일 신시청사에 중요한 사건이 있었다. 바츨라프 부도베츠 경의 지도하에 시청 회의실에서 개혁교도 지도자들이 자신들의 신앙고백인 체코신앙고백을 루돌프 2세 황제 아버지 막시밀리안 2세가 구두로만 허락한 것을 문서로 확인해 줄 것을 요청하기 위해서 프라하 성에 있는 황제 루돌프 2세에게 대표를 보내는 마지막 회의를 열었다. 그리하여 1609년 7월 12일에 법제화하는 루돌프 헌장이 공포되었다.

신시청사

첫 번째 프라하 창문 투척사건

시청사에서 있었던 사건 중 1419년 7월 30일에 있었던 시위는 '첫 번째 프라하 창문 투척사건'이라는 비극적인 결말로 끝났다. 이 사건은 얀 젤립스끼가 시위대를 이끌고 얀 쉬시까의 군대와 함께 눈 속의 성모 마리아 교회로부터 행진을 시작하면서 시작되었다. 시위대는 이전에 젤립스끼가 시무했던 성 슈테판 교회 앞에서 잠시 멈추었고, 시의원들에게 투옥된 몇몇 이종성찬론자들을 풀어 달라는 요구를 위해 신시청사까지 행진하였다. 가톨릭 시의원들은 청사 창문에서 시위대들을 조롱하였고, 행렬 맨 앞에서 성찬잔을 들고 가던 젤립스끼에게 돌을 던지기까지 하였다. 그러자 분노한 시위대 중 몇몇 사람이 3명의 시의원과 7명의 시민을 창문 밖으로 던져버렸다. 시의원들은 거리에서 더러운 오물 취급을 받았다(그들은 몇 시간 동안 돌길 위에 방치되어 있었으나, 몸에 걸치고 있던 귀중품들을 아무도 손대지 않았다). 이 사건은 후스사회혁명의 발화점이 되었고, 신시청사는 후스운동 주창자들에게 점령당하였으며, 젤립스끼는 급진적 이종성찬자들의 지도자가 되었다.

신시청사는 요세프 황제 개혁기인 1784년에 문을 닫고, 건물은 법정으로 넘어갔다. 오늘날 이곳은 다양한 문화적 목적으로 사용되고 있다. 신시청사 앞 공원 가장자리에 성 요셉과 아기 예수가 원추형으로 조각된 바로크 분수대가 재가톨릭화 시기인 1689년에 만들어진 이후 지금까지 서 있다(후에 시인 비띠예즈슬라브 할렉의 조각이 옆에 세워졌다).

이제 우리는 까렐 광장 왼쪽을 교차하는 예츠나^{Jeĕna} 거리를 건너 신시청사 앞 공원으로부터 남쪽으로 걸어간다. 오늘날 바츨라프 광장을 '말시장' 이라 부르는 것처럼 까렐 4세가 이 광장을 만들었을 때는 '가축시장' 이라고 불렀다.

가축시장은 1886년 영국식 공원으로 바뀔 때 '까렐 광장' 이라는 새로운 이름을 받았다. 그때 여기에 48종류의 나무 350그루를 심었다. 까렐 광장 중앙을 통과하면 성 이그나티우스 기념교회와 전에 예수회 대학의 부속 건물들이 서 있는 예츠나 거리에 도착한다. 교회 건물 정면 위에, 황금 코로나를 두른 이그나티우스 조각이 반종교개혁의 승리의 증인으로 서 있다. 성 이그나티우스 교회를 세울 때(1665년과 1670년 사이) 뾰족한 탑들이 제단의 수호자처럼 여겨지도록 건물 뒤에 첨탑들을 세웠다고 한다. 첨탑의 위치는 다른 바로크 양식의 교회들과 비슷하다. 클레멘티눔의 살바또르 교회, 신시가지에 성삼위일체 교회, 그리고 소지구와 구시가 양쪽에 있는 성 미꿀라쉬 교회 등이 그러하다.

체코종교개혁과 관련된 일련의 장소들을 찾아본 후에, 공원 안 약간 높은 지점에 있는 성 이그나티우스 교회 앞 30미터 부근에서 멈추어 선다. 이 지점을 밑으로 파 내려가면 14세기 말부터 18세기 말까지 여기 서 있었던 교회당의 기초석을 발견하게 될 것이다. 1393년 '굴렁쇠와 망치들'이라는 '프라하 평신도회'(바츨라프 4세도 이 단체의 구성원이었다.)에서 건물 중앙에 첨탑이 자리하고 있는 6각형 모양의 그리스도의 몸 채플(까펠 보쉬호 뗄라Kapel Božho těla)을 세웠다(독일 아켄에 있는 까렐 대성당과 유사하다).

> **그리스도의 몸 채플**
>
> 까렐 4세 때는 교회를 전통적인 목재로 사용했는데 후에 석재로 바뀌었다. 여러 왕들이 수집한 성자들의 유품이 있는 탑 — 후에는 까를슈떼인 성에서 가져온 왕관과 보석들이 있는 — 을 1년에 한 번 순례자들에게 공개하였다. 그러나 이 채플 역시 공공예배장소로 제공되었고, 베들레헴 채플이 세워지기 전 14세기 말경에 평신도들 사이에 높아 가는 개혁의지를 확실히 보여 준 곳이기도 했다.

1403년에 그리스도의 몸 채플은 대학이 사용하였고, 1416년 빵과 포도주 모두 평신도에게 제공되는 이종성찬식이 소개되었다. 더구나 바젤종교의회가 체코 왕국 내에서 성찬잔을 사용하도록 허가해 준 바젤협정 때문에 이 채플은 체코종교개혁상 매우 중요한 장소가 되었고, 거기서 1437년 3월 12일 격식을 갖춰 이와 같은 사실을 공표하였다. 이것은 체코 왕국 내에서 성찬잔을 사용하는 데 동의하도록 강요받은 룩셈부르크 왕가 지그문트 왕의 짧은 통치 기간 중 막바지에 일어난 사건이었다.

콘스탄츠공의회와는 달리 바젤공의회는 후스 대표들에게 그들의 권위에 무조건 순종하라고 요청하지 못하였다. 그래서 헤브^{Cheb} 재판이 있었던 1432년 5월 18일에 동의한 법안에 따라 협상이 받아들여졌다. '하나님의 율법과 예수님의 생애의 예, 사도들, 초대교회, 그리고 교부들'을 양쪽 대표들이 인정하게 되었고, 조약의 내용이 적힌 나무서판을 채플 동쪽(앞으로 지을 성 이그나티우스 교회 자리와 마주하고 있는 장소)에 놓아두었다. 그 나무 서판 대신에 두 개의 기념 돌서판으로 바꿔 놓고, 그 나무서판은 국립박물관 후스관에 보관하고 있다.

그 기념판에는 금박의 라틴어와 체코어로 이렇게 적혀 있다.

"주후 1437년에 지그문트 황제와 바젤 사절들의 명령으로 체코와 모라바에서 그리스도의 살과 피를 모두 받은 사람들, 진정한 크리스천이요 진실한 하나님의 자녀임을 체코, 라틴, 헝가리, 독일에 있는 교회에게 선언한다."

16세기에 저명한 대학교수들이 그 시기에 대학의 채플이었던 이곳, 그리스도의 몸 채플에 매장되었다. 매장된 마지막 인물이 얀 깜빠누스 보드냔스끼$^{Jan\ kampanus\ Vodňanský}$(+1622) 총장이었는데, 그는 구시가 광장에서 있었던 귀족처형의 목격자로 잘 알려져 있었다. 1609년 루돌프 황제 헌장이 발표된 후, 이곳은 프라하에 있는 체코형제단의 네 번째 예배처소로 주어졌다. 그러나 빌라 호라 전투 이후, 이 채플은 그 건너편에 있던 수도원과 함께 예수회의 손으로 넘어갔으나, 버려진 채플은 점차 쇠퇴하여 갔다. 1781년 개혁교도에 대한 신앙 자유 칙령이 발표된 후에도 프라하의 개혁교도들에게는 이 채플의 사용이 허락되지 않았고, 심지어 프라하 당국은

1791년에 이곳을 헐어버렸다(채플의 특별한 형태는 옛 까렐 광장 판화에 그려져 있다).

까렐 광장을 지나 남쪽으로 가다 보면, 공원 남서방향 코너 길 건너편에 새롭게 단장된 파우스트^{Faust}의 집 40 / 502번지에 이른다. 현재도 이 건물과 관련된 많은 낭만적인 전설들이 전해지고 있다.

파우스트의 전설은 이 신도시 저택에 살던 사람들의 기행 때문에 생겨난 이야기이다. 까렐 4세 당시, 이 집의 주인이 자연과학과 연금술에 빠져서 이웃 주민들의 호기심을 유발시켰는데, 주민들은 그가 틀림없이 악마와 교접하고 있다고 믿었다. 16세기 말에 이 건물은 루돌프 2세의 궁정에서 일하던 영국인 연금술사 에드워드 켈리$^{Edward\ Kelly}$의 소유였고, 1724년 다음 주인이 된 F. A. 믈라도타^{Mladota}도 화학실험으로 인해 주변 사람들에게 또다시 호기심을 불러일으켰다. 1990년대 이 건물은 원래의 바로크 양식으로 재건되었고, 근처 대학병원으로 편입되었다.

파우스트의 집 오른쪽에는 반개혁 시기, 즉 재가톨릭화 시기의 또 다른 교회인 성 얀 네뽀무쯔끼 교회$^{Kostel\ Jana\ Nepomuckého\ Na\ Skalce}$ 뒤로 오래된 바로크 양식의 문이 하나 보인다. 이 문은 디엔젠호퍼$^{K.\ I.\ Dienzenhofer}$의 작업장 입구였고, 얀 네뽀무쯔끼가 성자의 명부에 오르자 예수회가 그에게 봉헌한 것이다.

얀 네뽀무쯔끼 전설은 체코의 얀 후스의 유산을 지우고, 후스 대신 새로운 얀으로 대치하려고 찾은 이야기로 이것은 역사적으로 기록되어 있다. 1383년 대주교의 대리였던 네뽀무까 출신 '얀' (얀 네뽀무쯔끼는 독일 태생이었다.)이 왕과 대주교 간의 힘겨루기에 관여하였기 때문에 바츨라프 4세의 명령으로 까렐 다리에서 블타바 강으로 던져졌다는 것이다. 그러나 전설에서는 왕의 첫 번째 독일 부인이었던 요한나 바보르스까의 고해성사를 끝까지 비밀유지하려다가 네뽀무쯔끼가 죽임을 당한 것으로 이야기를 바꾸어 버렸다.

성 얀 네뽀무쯔끼 교회의 두 첨탑이 프라하 반종교개혁의 파수병처럼 스깔까(교회가 있는 지역 이름) 언덕 위로 솟아 있다. "교회 남동쪽, 거대한 포도원 안과 알베르토프와 까를로브의 언덕 위의 우거진 정원에 그리고 신도시의 성 아폴리나즈와 성 카테지나 교회 주변으로, 개혁교도들이 어두운 시기에 비밀스럽게 모임을 가졌다."라고 소설가 알로이스 이라섹이 그의 글 속에서 묘사하였다.

성 얀 네뽀무쯔끼 교회

까렐 광장 지역의 건물 중에 종교개혁의 역사를 가진 건물은 바람부는 산(알베르또프 위 비에뜨르나 호라 $^{Větrná\ hora\ nad\ Albertovem}$)에 있는 성 아폴리나즈 $^{Sv.Aolinar}$ 교회이다. 1362년 까렐 4세가 건축한 오리지널 고딕 양식의 교회가 오늘날까지 보존되어 오고 있다.

1419년에 따보르 전쟁의 지휘자가 된 후세의 미꿀라쉬가, 후스파를 대신하여 이 교회에 와서 바츨라프 4세에게 프라하 교회 내에서 성찬잔을 받을 수 있도록 허락해 달라고 요구하였다. 하지만 왕은 세 개의 교회들에게만(두 번째 구역 - 2, 세 번째 구역 - 1) 이러한 성만찬을 승인하였고 미꿀라쉬를 프라하에서 쫓아버렸다. 그러나 빌라 호라 전투 때까지 이종성찬주의자 지도하에 남아 있던 성 아폴리나즈 교회에서도 성찬잔의 사용을 실행해 버렸다. 반종교개혁 시기에 성 아폴리나즈 교회는 교구교회로 재가톨릭화되었고, 요세프 황제 개혁기에 이웃 건물들과 함께, 기아양육원(주운 아기를 기르는 곳)과 가난한 사람들을 위한 산부인과 병원으로 사용되었다. 20세기에 이 건물은 알콜중독자들을 치료하는 의료기관으로 바뀌었고 지금도 그렇게 사용하고 있다.

성 아폴리나즈 교회

1436년 바젤협정과 1575년 체코신앙고백 – 번역자 주

체코신앙고백(라틴어로 Confessio Bohemica)은 1575년에 체코 개혁파들이 만든 것이다. 이 신앙고백은 루돌프 2세의 황제헌장 이후 1609~1620년 동안 합법적이었다. 이 신앙고백 이전에 1436년에 바젤 종교회의와 이종성찬을 주장하는 체코 후스개혁파들 대표가 이종성찬을 포함한 개혁파들의 신앙권리에 관한 협정을 하여, 이를 남체코 이흘라바Jihlava에서 발표하게 된다. 이것을 바젤협정Basilejská kompaktáta이라고 한다. 그러나 이 협정에서 체코형제단은 제외가 되어 있었다. 불행하게도 종교개혁파 자체 안에 역사적, 지역적인 요인뿐 아니라 신앙적인 요인에 의해 초기에 몇 가지 신앙고백 흐름들로 나뉘어졌다. 체코 개혁파들은 대체로 세 가지 부류의 계파로 나뉘어졌다.

첫째, 전통적인 구(舊) 이종성찬파와 보다 개방적인 신(新) 이종성찬파로 나뉘어진 후스파(이종성찬파), 둘째 독일인 교인들의 루터파, 셋째 체코와 독일 공동체들을 갖고 있는 형제단Jednota bratrská이다. 그런데 로마가톨릭 합스부르크(Habsburk) 통치 동안 – 페르디난드 1세Ferdinand I가 체코 왕위에 올랐던 1526년부터 로마가톨릭교회의 반개혁운동을 강화하였다. 그때 체코 개혁파들의 대표들은 의회에서 단지 13%를 차지했을 뿐이다. 지역 교회를 대표하는 체코 왕국의 개혁파 의원들은 로마가톨릭교회의 압력에 시달려야 했다. 전술적이고 정치적인 단계로 황제 측근의 재가톨릭화 노력에 제동을 걸고 후스파의 바젤협정에 따라 체코 왕국 내의 종교의 자유를 지키려고 특별히 노력하였다. 반면에 형제단들은 재가톨릭화 노력에 대항해서 체코 왕국의 법령으로부터 바젤협정을 제거할 것을 요청하기 시작하였다. 왜냐하면 그 협정이 체코 왕국의 개혁에 장애가 된다고 생각하였기 때문이다. 결국 로마가톨릭의 점증하는 탄압에 저항하기 위하여 체코의 모든 개혁파들은 신앙과 고백의 일치를 선언하는 집단행동으로 나타났다.

1575년 체코 국내 의회에서 개혁파들은 종교적인 문제를 해결할 수 있는 새로운 공동신앙고백과 교회 정치체제를 요구하였다. 그래서 새로운 신앙고백 작성을 위해 신학위원회가 조직되었다. 그 신학위원회에 모든 계파의 개혁파 의원이 참여하게 되었다. 최종적으로 소위 체코신앙고백(1575년)이 루터파의 아우구스부르크 신앙고백의 형태에 입각해서 작성되었다. 그러나 후스파의 4개의 프라하 조항, 후스파 총회의 선언서, 제2차 스위스 개혁파 신앙고백Helvetská Konfese이 형제단의 신학적인 방향에 부응하는 하이델베르크Heidelberg 신앙고백과 부분적으로 결합하였다. 이와 같이 체코 지역에서 16세기 후반에 모든 개혁파들의 첫 번째 신앙고백의 일치가 이루어졌을 때 그것은 내적인 에큐메니컬 필요성보다는 반종교개혁의 위협이라는 외부적인 요인에 의해서 이루어졌다.

6. 엠마오 수도원

이제 까렐 광장 남동쪽 끝에서 남쪽방향으로 계속 걸어가 본다. 50미터도 못 가서 비셰흐라드^{Vyšehradská} 거리 높은 벽 안에(성 얀 네뽀무쯔끼 교회 반대쪽) 나 슬로바네흐^{Na Slovanech} 공원 경기장으로 들어가는 입구가 있다. 입구에 들어서면 왼쪽으로 성모 마리아와 슬라브의 성자들 교회^{kostel P. Marie a slovanských patronů}의 석조 건축물이 우리 앞에 나타난다. 더불어 12세기부터 뽀드스깔리^{Podskali} 지역 교구민들에게 오랜 정착지를 제공했던 성 코스마와 다미안^{sv. Kosma a Daminan} 교회가 왼쪽 수평선으로 보일 것이다. 후에 이 교회는 바로크 양식으로 재건축되었다.

1347년 까렐 4세는 크로아티아로부터 슬라브 베네딕트 수도사들을 이 교회로 불러와 고대 슬라브식 예배예전을 프라하에서 다시 복원하려고 하였다. 1353년에 그들을 위해 고딕식 수도원을 완공하였고, 1372년에 성모 마리아 교회당을 완공하였다. 그때부터 부활절 주일 후 월요일에 엠마오로 가는 제자들과 예수님이 만나는 성서를 읽는 봉헌식이 행하여졌고, 수도원과 교회당을 포함한 전체를 엠마오 수도원이라는 이름으로 부르기 시작했다.

엠마오의 수도자들도 후스운동에 가담하였고, 1420년에 공식화된 '프라하 4개 조항'을 공공연하게 지지하였다. 개혁파 종교의회가 자주 이 수도원에서 열렸고, 체코 문학에 영향을 준 「수도원 수도사 규칙」이 1446년 이곳에서 만들어졌다. 1395년에 랭스 복음$^{Rhemish\ Gospel}$의 글라골루 문자 부분이 여기서 번역되었다. 후스 종교개혁 시대 때 1416년부터 체코어 성경을 슬라브 글라골루어로 소위 "글라골루 성경"을 번역하기 시작하였다. 마지막 대수도원장이었던 마또우쉬 휠로메누스 베네쇼브스끼$^{Matouš\ Filomenus\ Benešovský}$는 체코어에 새 문법구조의 기초를 마련하였다는 등 엠마오 수도원은 중요한 문화의 중심지가 되었다.

엠마오 수도원

> ### 피터 페인
>
> 영국인 교수였던 피터 페인Peter Payne은 급진적인 후스파였고, 프라하에 성찬잔을 소개했던 야꼬우벡의 협력자 중 하나였다. 그는 몇 년 동안 엠마오 수도원에서 수도사들과 함께 지냈다. 그는 특히 반 후스전쟁 중에 숙련된 신학자겸 외교관으로, 그리고 바젤회의에는 후스파 대표 중 하나로 파견되어 활동하였다. 그는 1456년 엠마오 수도원에서 죽었다.

이후 엠마오 수도원은 제호즈 끄라이치Řehoř Krajcí가 수도원장이 되었다. 그는 얀 로키차나의 설교에 영향을 받은 사람들과 함께 프라하를 떠나기로 결정한 1457년까지 엠마오의 후스단 일원이었다. 후에 그는 쿤발트에서 독립된 체코형제단을 결성하게 된다. 이 그룹은 뻬뜨르 헬치츠끼Petr Helcický의 글에 영향을 받기도 했다.

> ### 뻬뜨르 헬치츠끼
>
> 뻬뜨르 헬치츠끼는 보드냔 근처 헬치체Chelčice u Vodňan라는 남쪽 체코 도시 출신 소작농이었다. 그는 후스와 야꼬우벡의 추종자였고, 비평적 사고자로서 논객으로서 매우 뛰어난 인물이었다. 그의 글 속에서 슈띠뜨니, 후스, 그리고 세속적인 교회를 비판한 몇몇 따보르파 신학자들과 뜻을 같이 했음을 알 수 있다. 그러나 그는 많은 후스파 신학자들과 대학들이 옹호했던 '하나님의 진리를 위한 무장 방어'에 단호히 반대했다. 예수님의 산상수훈(마태복음 5-7장)을 언급하면서 헬치츠끼는 모든 폭력의 사용을 반대하였다. 제호즈 주변으로 모였던 많은 기독교인들은 하나님의 말씀의 권위하에 행해지는 영적인 방어에 관한 헬치츠끼의 글과 그의 생각을 따르기로 결정하였다. 그들은 로마와 결별하였을 뿐 아니라 스스로 이종성찬 교회가 강요하는 길과도 멀어졌다. 그리하여 세상 밖으로 떨어져 나와 성경의 초대교회 공동체를 형성하려고 하였다.

엠마오 수도원은 1589년 다시 가톨릭에게 소유권이 넘어가기까지 후스파의 것이었다. 재가톨릭화 시기에 스페인 베네딕트회 수도사들이 수도원들 획득하여, 2층을 만들고 건물 전체를 바로크식으로 변경하였다. 후에 남부 독일 베우론^{Beuron}에서 온 베네딕트회 수도사들이 엠마오를 신고전양식 건물로 바꾸어 버렸다. 제2차 세계대전이 끝나기 바로 전 1945년 2월 14일에 있었던 프라하 폭격으로, 엠마오 수도원 전체가 심하게 훼손되었다. 불타버린 교회는 1960년에야 비로소 복구되었고, 그 후에 원래 있었던 사각형 모양의 첨탑이 2개의 독특한 비대칭의 첨탑으로 바뀌었다. 건물 전체가 국립문화유적지로 선정되었고, 오늘날에는 과학아카데미, 독일 가톨릭교회, 그리고 다른 여러 단체들이 위치하고 있다.

7. 프란티쉑 빨라츠끼 동상

나 슬로바네흐 공원의 정문으로 다시 돌아와 왼쪽 위 비셰흐라드^{Vysehradská} 거리로 돌아 왼쪽 첫 번째 사거리에 있는 나 모라니^{Na Moráni}로 간다. 여기서 서쪽으로 방향을 바꿔 블타바 강을 향하여 걸어간다. 나 모라니 거리가 왼쪽의 디트리오바 거리와 만나게 되는 지점에서 왼쪽을 바라보면, 엠마오의 뒷모습이 보이고, 성 코스마와 다미안 교회의 모습이 정면으로 나타난다. 약 50미터를 걷다 보면 빨라츠끼 광장에 자리잡고 있는 프란티쉑 빨라츠끼의 커다란 동상 앞에 서게 된다. 이 기념물은 1907년 스타니슬라브 수하르다가 만들었는데, 제2차 세계대전 중에 나치가 없앴다가 1947년에 다시 세웠다.

체코인들은 빨라츠끼를 권태로움의 굴레에서 새로운 삶으로 사람들을 일으켜 세우려 노력했던 민족 각성자로 표현하고 있다. 프란티쉑 빨라츠끼 동상을 보면 사람들은 오른쪽에 그룹지어 위치하며, 왼쪽에 두 개의 머리를 가진 용으로 권태로움을 상징하고 있다. 동상 뒤에 조각되어 있는 문구를 통해 '민족의 아버지'라 하여 빨라츠끼의 역할을 언급하고 있다.

"나는 하나님께서 나의 일을 축복하시고, 그래서 민족이 무엇인지, 무엇을 해야 하는지에 대한 자각과 민족 그 자체를 잘 이해할 수 있도록 도와주시는 것 이외에는 아무 바람이 없다."

동상에서 길을 건너 강변에 서면 빨라츠끼 동상 뒤에 엠마오의 파노라마가 언뜻 보이고 프라하 성의 아름다운 모습이 블타바 강 너머로 나타난다. 여기서 성을 향해 강변을 따라가다 보면, 체코슬로바키아 제1공화국 때 정치가였던 알로이스 라쉰$^{Alois\ Rašín}$의 이름을 다시 한번 떠올릴 수 있다. 왜냐하면 그가 1923년 1월 5일 이곳에서 멀지 않은 그의 집에서 암살을 당한 후 프라하 시는 그의 정치 경제적 공로를 기억하여 이 강변길을 그의 이름으로 명명하였기 때문이다. 이라섹 광장$^{Jiráskovo\ nám.}$에서 소설가 알로이스 이라섹 동상(1960년 까렐 뽀꼬르니가 조각한) 앞에 잠시 쉰다. 그리고 나서 이라섹 광장과 레슬로바^{Resslová} 거리와 만나는 왼쪽 코너에 있는 저택으로 걸어가자. 이라섹은 그 저택에서 살았고, 1930년에 죽을 때까지 그곳에서 체코종교개혁사에 관한 소설과 드라마를 썼다.

빨라츠끼 동상

8. 성 바츨라프 교회

이라섹의 집에서 디뜨리호바^{Dittrichová} 거리와 만날 때까지 레슬로바 길을 걸어가다 보면, 오른쪽 코너에 높이 솟은 암벽 위에 돌로 세워진 성 바츨라프 교회를 만나게 된다. 이곳의 초기의 로마네스크 교회당이 즈데라즈^{Zderaz}(프라하로 편입되기 이전 지명이며 현재 거리이름으로 남아 있음)에 12세기 말경에 지어졌다.

교회의 관리는 근처 수도원을 갖고 있던 성묘(예루살렘에 있었던 그리스도의 묘) 기사단에게 주어졌고, 그 후에 까렐 4세가 신도시를 만들 때 이 구역의 교구교회로 편입되었다. 1399년 바츨라프 4세의 조언에 따라 2개의 네이브(가톨릭 교회당 건축에서 좌우의 측랑 사이에 끼인 중심부)를 가진 고딕 양식으로 재건축되어 오늘날까지 오리지널 로마네스크 양식을 건물 정면에서 볼 수 있다. 후기 고딕형 둥근 천장은 막시밀리안 2세 통치기인 1567년에 덧붙여졌다.

후스파 시기 중에 성 바츨라프 교회는 신도시 이종성찬론자들의 중요한 본거지였음에도 불구하고 여전히 성 바츨라프를 숭배하는 전통이 있었다. 교회는 재가톨릭화 시기가 시작될 때까지 이종성찬주의자 소유였으나, 1621년

12월 마지막 이종성찬론자였던 아담 클레멘트[Adam klement]가 프라하에서 추방당하면서 교회의 운명이 바뀌게 되었다. '원상회복법령'이라는 이름이 붙은 재가톨릭회 칙령이 1627년 페르디난드 2세에 의해 공표된 후 이 건물은 근처 성 어거스틴 수도원으로 합병되었다. 이후 요세프 2세의 개혁기에 수도원과 교회가 완전히 철수되고, 두 건물은 군대 보급창고로 사용되었다.

1804년에는 감옥으로 용도가 바뀌었고, 교회에서는 수감자들을 위한 예배가 드려졌다. 감옥이 빤끄라츠[Pankrác] 지역으로 이사한 후, 수도원과 교회 두 건물은 모두 철거될 처지에 놓이게 되었는데, 영향력 있는 시민단체의 노력으로 인하여 성 바츨라프 교회를 보존해야 할 유적으로 지켜오고 있다. 1909년부터 1926년 사이에 교회는 점차적으로 폐허가 되어 갔으나, 정면의 모습만은 그대로 유지되었다. 그러나 건물을 사용하지 않게 된 후, 점점 상태가 악화되었다. 이러한 상태가 계속되다가 1929년에 새롭게 설립된 체코슬로바키아 교회(후에 체코슬로바키아후스 교회)가 황폐한 성 바츨라프 교회를 구입하게 된다. 교회가 점차적으로 수리되면서, 1400년도부터 내려온 제단 주변의 고딕식 벽화의 흔적과 성구안치소에서 나온 17세기 중반 바로크 양식 유화들도 복원되었다. 프란티쉑 빌렉[František Bílek](+1941)의 희귀한 나무조각품이 최근에 출토되었는데, 이것은 성 바츨라프와 과거의 후스파 교회를 묘사한 것이었다.

성 바츨라프의 목욕탕

18세기 말에 성 바츨라프의 목욕탕으로 알려진 신도시의 목욕탕은 트로야노바[Trojanová] 거리, 교회 남쪽에 세워졌다. 그곳은 한때 바츨라프 4세의 여름 별장이 서 있던 지점으로 1848년 봄, 이 목욕탕에서 (프란티쉑 빨라츠끼와 까렐 하블리첵의 지도하에) 슬라브 국가들의 독립을 위한 투쟁 집회가 열리자 잘 알려지게 되었다. 체코인들은 좀 더 민주적인 정책들('다시 옷 입은 빌라 호라'이라는 이름이 붙은 조항을 포함하여)을 요구하였고, 그 모임에서 공식화하였다. 그 후 여러 정치적 사건들이, 그 혁명의 해 6월에 일어난 성령강림절 반란의 실마리가 되었다.

9.
성 시릴과 메또데이 교회

   1730년에서 1736년 사이에 세워진 성 시릴과 메또데이 바로크 건물이 레슬로바^{Resslová} 거리 왼쪽 다음 코너에서 우리의 눈길을 끈다.

   오리지널 바로크 교회는 건축가 디엔젠호퍼$^{K.\ I.\ Dienzenhofer}$가 재가톨릭화 시기에 지은 것으로 성 까렐 보로메이스끼에게 헌납된 것이다. 이 교회는 18세기에 은퇴한 사제들을 위해 집처럼 지어진 교회 기관이었다. 그러나 1783년 요세프의 개혁 시기에 모두 다 철수하고 그 후 몇 년 동안 창고로 사용되다가 1934~1935년 수리한 후에 슬라브 선교사였던 시릴과 메또데이를 기념하기 위해 정교회에 헌납되었다.

   이 건물은 과거 체코종교개혁과 아무 관련이 없지만 제2차 세계대전 중에 발생한 뜻깊은 장소이다. 악랄한 나치인 라인하르트 하이드릭을 암살한 영국 공군 소속 체코 공수특전대원들이 1942년 5월, 이 교회 납골당에 숨어 있다가 1942년 6월 18일에 발견되어 용감한 최후를 맞이하였다(영화 "새벽의 7인"의 실제사건이다). 납골당 1층 창문에 있는 1947년의 추모 동판이 이를 잘 설명해 준다. 고라즈 추기경은 낙하산병들을 숨겨 준 이유로 나치에게 총살당하였다.

레슬로바 거리와 성 시릴과 메또데이 교회가 있는 나 즈데라즈$^{\text{Na Zderaze}}$ 거리 코너에서, 시내 중심을 향하여 북쪽으로 나 즈데라즈 거리를 걷기 시작한다. 60미터쯤 가면 오른쪽으로 얕은 경사 계단의 나 즈보젠치$^{\text{Na Zbořenci}}$ 거리가 나타난다. 이 거리의 이름은 '폐허 위에'라는 특이한 의미를 가지고 있는데, 아마도 옛날에 있었던 건물들은 모두 파괴되고, 이 고요한 외딴 구석에 매장되어 있을지도 모르겠다.

13세기부터 나 즈보젠치 거리 4/269번지에 성 흐로브 기사단 수도원이 서 있고, 그 옆에 성 베드로와 바울 교회가 이웃하고 있다. 후스파 시기에 신도시 이종성찬자들이 이 건물을 재건축하기 시작했으나(근처에 있는 성 바츨라프 교회가 이 교회보다 훨씬 더 큼에도 불구하고) 아직도 끝나지 않았다. 성 베드로와 바울 교회의 재건축이 18세기 초에 끝났으나, 1785년도에 수도원과 교회 모두 요세프 2세에 의해 폐쇄되었고, 몇몇 수도원 건물만 근처 기술학교에 넘어갔으며 수도원장 저택만 남아 있다. 교회는 1905년에 파괴되었다. 수도원 예배당의 벽과 둥근 천장이 있는 납골당이 나 즈보젠치 거리 4번지 안뜰에 보존되어 오고 있으나 불행하게도 이곳에 가까이 가 보기는 어렵다.

새벽의 칠인 동판

이제 나 즈데라즈 거리로 돌아와 똑바로 가다가 미스릭꼬바^{Myslíková} 거리와 만나는 곳(쁘슈뜨로소바^{Pstrosová} 거리가 시작되는)에서 전차 길을 건너간다.

10. 성 보이띠예흐 교회

100미터쯤 걷다 보면, 쁘슈뜨르소바^{Pstrosová} 거리 왼쪽 보이띠예슈스까^{Vojtě} ^{sská} 거리와 만나는 지점에서 종교개혁 시기의 또 다른 돌로 세워진 교회를 보게 된다. 14세기에 '무두장이'(칼로 날가죽의 지방을 문질러 내어 가죽을 부드럽게 만드는 일을 하는 사람)들의 작업실 가운데 고딕 양식의 성 보이띠예흐 교회가 세워졌는데, 블타바 강둑에서 그리 멀지 않다.

오늘날에도 바로크 양식의 특징인 교회의 둥근 천장 옆에는 무두장이들의 상징이 여전히 붙어 있다. 후스가 콘스탄츠에서 화형당할 때 성 보이띠예흐 교회의 사제 미할 드 카우시스$^{Michal\ de\ Causis}$는 후스 반대편에 섰다. 그럼에도 불구하고 이 교회는 곧 후스운동의 본거지가 되었다.

이는 종교개혁 초기부터 빌라 호라 전투 패배 시까지 이곳에서 일반 성도들도 성찬잔을 받는 성찬식이 거행되었기 때문이다. 재가톨릭화 시기에 교회는 대부분 바로크화되었으나, 둥근 천장 뒤 제단주변과 건물 벽 밑부분이 초기 고딕 양식으로 남아 있다.

바로크 양식의 성 십자가 교회가 1690년과 1693년 사이에 교회 옆에 세워졌고, 양파 모양 지붕이 있는 4면의 바로크 양식 종탑이 1700년에 건물 북쪽 옆에 건립되었다. 1875년에서 1881년 사이에는 교회에 고딕식 재건축을 실시하였다(이웃 건물에 있는 기념동판을 보면 안토닌 드보작$^{Antonín\ Dvořák}$과 요셉 보후슬라브 포스터가 이곳에서 오르간 연주자로 일했다는 것을 알 수 있다). 쁘슈뜨로소바 거리로 돌아와 오빠또비츠까^{Opatovická} 거리와 만날 때까지 왼쪽(북쪽)으로 계속 가 보자.

오른쪽 오빠또비츠까 거리로 돌아 첫 번째 사거리 크제멘초바^{Křemencová}로 향한다. 크제멘초바 거리 오른쪽 중간쯤 위로, 고전적인 시계 모양의 상징물이 우리의 관심을 끄는데, 그곳은 낭만주의적 신고딕 양식으로 개조한 우 플렉구$^{U\ Fleků}$라는 가게로, 유명한 프라하의 양조장 겸 술집이다.

보이띠예흐 교회   보이띠예흐 교회당 뒷면

오빠또비츠까 거리로 다시 돌아와 오른쪽 다음 골목으로 계속하여 걸어가 보자. 체르나Černá 거리 9번지 건물 '마라톤'Marathon에 현재 까렐 대학 개혁신학부가 위치해 있다. (번역자 주 – 현재 영남신학대학 교수인 박성원 목사가 당시 세계개혁교회 연맹 협력과 증언부 총무로 일할 때 세계개혁교회연맹 차원에서 이 신학교 이전을 위해 많은 노력을 하였고, 신학교 이전에 도움을 준 단체와 교회 명단 기념판에 대한예수교장로회 새문안교회의 이름을 발견할 수 있다.) 이 건물은 거리 중간쯤 오른쪽에 있다. 1995년 신학부가 융만노바 거리에 있는 후스의 집에서 몇 년 동안 앞 건물을 빌려 쓰다가 이곳으로 이사했다. 1989년 벨벳혁명 후, 1990년에 개혁신학부가 까렐 대학으로 편입되었다.

11.
성 미할 교회

오빠또비츠까^{Opatovická} 거리로 돌아와 50미터쯤 걷다가 왼쪽으로 돌아가면 우리 앞에 높은 벽이 막아서고, 그 뒤에 탑과 함께 복구된 고딕 양식의 성 미할 교회가 보인다. 브 이르하지흐^{V Jirchářích} 거리와 마주한 건물 왼쪽 코너에 이 교회 입구가 있다.

12세기 초 프라하 신시가지가 개발되기 전에, 서부 체코 끌라드루비 출신 베네딕트 수도원장이 오빠또비체라는 정착지를 이곳에 세우면서 로마네스크식 성 미할 교회를 지었다. 오빠또비체가 신시가로 편입된 후에, 성 미할 교회는 더 웅장한 고딕 양식으로 재건축되었으나, 십자형의 중앙아치형 천장과 옆의 교회 본당은 1511년에야 완성되었다.

1419년에 성 미할 교회는 신도시의 이종성찬론자들에게 넘어갔고, 이종성찬 교회가 이 건물과 이웃 학교를 1621년에 재가톨릭화되기까지 사용하였다. 바로크 양식 탑이 1750년에 교회 왼편에 세워졌고 또 바로크 양식 교회당도 1750년 서쪽 본당에 덧붙여졌다. 1787년 황제 요세프 2세 개혁기에, 구시가에 있는 같은 이름의 교회와 마찬가지로 성 미할 교회는 문을 닫는다. 그러나 개혁교도들에게 신앙의 자유가 주어지는 '관용의 칙령' 의

성 미할 교회

결과로 교회 건물들(목사관과 학교 건물)은 1789년 말 프라하에 있는 독일 루터 교인들에게 주어졌다(1915년 독일 교회는 교회 창문 옆에 마틴 루터의 초상화를 붙였다).

> **요세프 루쥐츠까 사제**
>
> 한때 성 미할 학교가 성 미할 교회를 사용하기도 했는데, 이곳에 있는 동판에는 1834년에서 1847년까지 독일학교에서 일했던 체코 사제 요세프 루쥐츠까^{Josef Růžička}를 기념하고 있다.
> 19세기 중엽에 이 체코 루터교 사제는 이미 아우구스부르크 신앙고백과 스위스 개혁신앙고백 교회들의 화합을 강력히 주장하였다. 끌리멘트 교회의 사제였던 꼬슈뜨^{Košut}도 이러한 그를 도왔다. 루쥐츠까 사제는 프라하의 문화와 사회활동에 활발히 참여하였고, 1848년 혁명이 일어나던 해에 프라하국가위원회와 슬라브민족회의 한 멤버였다. 꼬슈뜨와 함께 체코 개신교 신학부를 세우려고 힘썼고, 그 결과 체코의 신학생들이 비엔나에 있는 독일 신학교까지 가서 공부할 필요가 없어졌다.

브 이르하지흐 거리에 있는 성 미할 교회와 관련된 건물들은 체코슬로바키아 제1공화국 때 독일 루터 교회가 사용하였다. 문 오른쪽에 있는 기념 동판에는 그들의 고향친구인 알버트 슈바이쳐가 1923년과 1928년에 이 교회에서 오르간 연주를 했다고 기록하고 있다. 나치에게 정복당한 제2차 세계대전 말에 이 교회는 압수되었고, 슬로바키아 루터파 프라하 개혁교회에 주어졌다. 목사관과 학교는 개혁신학부 학생들을 위한 기숙사로 바뀌었는데 그 시기는 후스 신학부로 알려져 있었다. 오늘날 이 건물은 '프라하 예로님 콜리기움'이라는 기관에 빌려 주었다.

브 이르하지흐 거리, 성 미할 교회 건물 앞에서 우리의 세 번째 여행은 끝났다. 바츨라프 광장으로 다시 돌아가기 위해 왼쪽으로 진행해서 오빠또비츠까 거리로 다시 돌아가 보자. 다음 코너에서 오스뜨로비^{Ostrovní} 거리로 우회전한 다음 100미터쯤 가면, 복잡한 스빨레나^{Spálená} 거리를 만나게 된다. (이 거리에 트램이 다닌다.) 왼쪽편으로 돌아서면 나로드니 트지다 지하철 정류장과 TESCO 백화점이 보인다. 백화점 모퉁이 거리까지 걸어가면 나로드니 트지다$^{Národní\ třída}$가 나온다. 거기서 오른쪽으로 돌아 친숙한 통로 쁠라띠즈와 벽 속의 마르띤 교회, 9월 28일 거리를 지나 무스텍 입구로 돌아가자. 그곳에서 네 번째 구역을 시작해 보려 한다.

네 번째 구역
구시가 –
서쪽과 소지구

1. 성 안나 교회와 옛 수녀원(Kostel sv. Anny)
2. 구 예수회 대학 끌레멘티눔(Klementinum)
3. 끌레멘티눔의 성 살바또르 교회(Kostel sv. Salvatora v Klementinu)
4. 구시가 다리탑(Saroměstská Mostecká věž)
5. 구 추기경 궁전(Biskupský dvůr)
6. 승리의 성모 마리아 교회(Kostel P. Marie Vítězné)
7. 브르뜨바 궁, 옛 크리슈뜨프 하란트의 집(Vrtbosvský Palác)
8. 소지구의 성 미꿀라쉬 교회(Malostranský kostel sv. Mikuláše)
9. 리흐텐슈테인 궁과 모르진스끼 궁(bývalý Lichtenštejnský Palác a Morzinský Palác)
10. 스미지츠끼의 집(Dům Smiřických)
11. 소지구의 옛 시민회관(bývalá Malostranská radnice)
12. 발드슈테인 궁과 꼬멘스끼 교육학 박물관(Valdštejnský palác a Pedagogické museum J. A. Komenského)

(네 번째 구역 전체를 걷는 시간은 50~60분, 말로스뜨란스까 역에서 무스텍까지 오는데 걸리는 시간은 10~15분 정도)

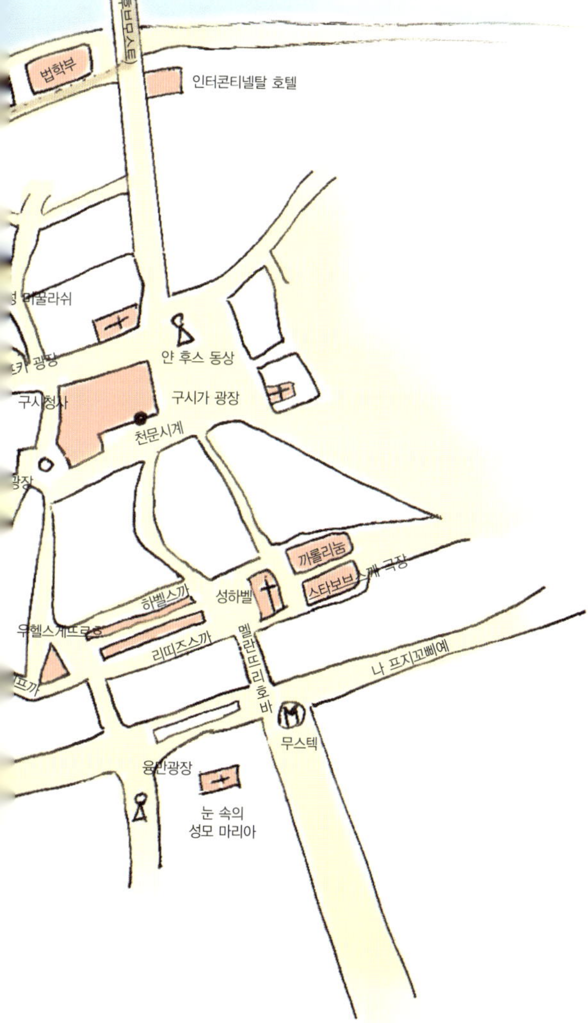

무스텍 지하철역 뒤쪽 출구에서, 첫 번째 여행처럼 나 무스뜨꾸 거리를 따라 남서방향 왼쪽에 있는 기사들의(리띠즈스까) 거리 코너로 가 보자. 이름뿐만 아니라 이 구시가의 범상치 않은 길이와 넓이는 중세 때 이곳에서 기사들 간에 마상 창 시합을 벌였다는 사실을 실감나게 한다. '우헬스끼 뜨르흐'(석탄시장)라 불렸던 작은 광장까지 걸어간다. 뻬를로바^{Perlova} 거리와 만나는 사거리가 나오면 계속 직진해서 광장의 왼쪽길로 시장 끝에 있는 쁠라띠즈^{Platýz}로 계속 가 본다.

쁠라띠즈 입구 오른쪽에 있는 현판에는 까렐 4세 때 이 오리지널 궁전에서 부르군디 출신 백작이 살았고, 16세기가 되어서야 비로소 쁠라텐스테인 출신 얀 쁠라디즈 가계의 사람들이 이곳에 살기 시작했다고 기록되어 있다(불행히도 원래 건물과 후스파 시기의 벽 속의 마르띤 교회와의 관계에 대해서는 현판에 아무것도 언급하지 않고 있다). 마르띤스까^{Martinská} 거리에서 똑바로 앞 남서방향을 보면, 이미 첫 번째 구역에서 언급한 벽 속의 마르띤 교회의 한쪽 벽을 볼 수가 있다.

쁠라띠즈 입구 건너편 스꼬제프까 거리 코너에 있는 '우 트지 즐라띠흐 르부'(세 마리 황금사자의 집) 240번지 건물에 작곡가 모짜르트의 모습이 양각되어 있다. 그 부조 위의 대리석 기념판에 1787년 그의 오페라 "돈 지오반니"가 스타보브스께 극장에서 공연되기 이전에 여기서 머물렀다고 쓰여 있다. 그 당시 이 저택은 작곡가 F. X. 두쉑과 그의 부인 요세핀의 소유였고, 그들의 환대로 모짜르트는 스미호브에 있는 베르뜨람까 저택에서도 즐거운 시간을 보내기도 했다.

여기서 우리는 스꼬제프까 거리로 내려가 베들레헴 광장까지 걸어가 보자. 베들레헴 채플$^{Betlémské\ Kaple}$ 건너 오른쪽에 있는 릴리오바^{Liliová} 거리에 있는 베들레헴 광장을 통과한다.

  이 광장 서쪽 1/269번지에서 '우 할란꾸' U HalánKů라는 오래된 프라하의 양조장을 볼 수 있다. 이 건물은 19세기 당시 보이띠예흐 나쁘르스떽(1894)의 소유로 그는 1848년 혁명사건에 참여했던 예술가들을 열심히 후원하였다. 1862년에 이곳에 특별한 도서관과 향토박물관을 만들고, 1886년에 미국, 아시아, 아프리카의 문화에 초점을 둔 민속학 박물관을 열었다.

1.
성 안나 교회와 옛 수녀원

베들레헴 광장에서 릴리오바 거리를 향하여 북쪽으로 100미터쯤 가다 보면, 왼쪽으로 아주 좁은 도로를 만나게 되는데, 이 길은 성 안나 교회 Kostel sv. Anny 의 높은 담장을 끼고 있다. 이 고딕 양식의 석조 건물을 올려다보면, 프라하에서 가장 높은 건물 중 하나가 아닐까 하는 생각이 들 정도로 높다. 후에 바로크 양식으로 바뀐 수녀원(도미니칸 수도회 소속)은 교회의 뒤쪽과 연결되어 있다. 그러나 지금은 국립극장 발레부에 속해 있고, 수녀원의 다른 한쪽에 있는 아넨스께 광장 Anenské náměstí 으로 들어갈 수 있다.

13세기 전반, 성 바브네쯔의 오리지널 로마네스크 양식 로툰다가 이곳에 서 있었는데, 그 기초석들이 1316년에서 1319년 사이에 지어진 고딕식 성 안나 교회 밑에 보존되어 있다. 그 당시 수녀원의 교회가 가톨릭에 소속되어 있었기 때문에, 가톨릭 사제이며 역사가였던 리보찬의 바츨라프 하엑(1553년)이 여기에 매장되어 있다(하엑의 '체코 연대기'는 반후스운동에 초점이 맞추어져 있으나 젤라시우스 도브네르 Gelasius Dobner, 요세프 도브로브스끼 Josef Dobrovsky, 나중에는 프란티쉑 빨라츠끼까지 체코민족부흥 운동의 역사가들이 이것은 사실이 아님을 증명하였다). 원래 수녀원은 프제미슬 오따까르 1세가 교회의 기사단을 위해 1223년경에 세웠으나, 1313년부터 후스종교개혁 시기까지 도미니칸 수도회의 수녀들이 여기에 거주하게 되었다.

그 시기에 하나의 전통에 따라 뜨로츠노브의 얀 쉬시까 친척 중의 한 사람이 수녀원장이 되었는데, 후에 쉬시까가 수녀원에 숨을 수 있도록 은신처를 제공해 주었다. 나중에는 이종성찬에 긍정적으로 마음이 바뀐 수녀들이 여기에 모여 있었다. 재가톨릭화 시기인 1676년에 수녀원은 바로크 양식으로 재건축되었으나, 요세프 2세 시기에 모두 철수되고 인쇄소로 용도가 바뀌었다. (18세기 말 여기서 쉔 펠드의 J. F.가 최초 프라하 신문인 "황제와 왕, 뽀슈또본스제 신문"을 발간하였다.) 2000년도 초부터, 고딕 양식으로 뛰어난 가치를 지닌 성 안나 교회를 재건하려는 관심이 생겨나기 시작했다 (영국의 찰스 황태자도 보수를 지원하였다).

왼쪽으로 릴리오바와 만나는 아녠스까 거리를 넘어 약 60미터쯤 가다가 오래된 바로크 양식의 건물 앞에 멈추어 서 보라(13/221번지). 이 집에 있는 기념동판은 후스파 연대기의 기록자인 브제조베의 바브지네쯔(1423년에 여기에서 살기 시작했고 1437년에 사망했다.)를 언급하고 있다. 바브지네쯔는 까렐 대학에서 석사학위를 취득한 후에 신도시 시의원과 서기가 되었다. 이종성찬론자들의 충성스런 후원자요, 개인적으로는 야꼬우벡의 친구이며, 지그문트 왕의 철저한 반대자였던 그는, 1414년부터 1421년까지 초기 후스 시기에 관한 방대한 분량의 라틴 연대기를 기록하였다.

성 안나 교회

2. 구 예수회 대학 끌레멘티눔

    까를로바 거리와 릴리오바 거리가 만나는 지점까지 계속 가 보자. 여기에서 우리는 화약탑부터 구시가와 까렐 다리까지 이어지는 '왕의 길'에 이르게 된다. 원래 성 끌리멘트 교회였다가 끌레멘티눔^{Klementinum, bývalá jezuitská kolej}이라고 불리던 예수회 대학의 넓은 정원이 우리 앞에 나타난다. '우 모드레 슈띠끼'^{U Modré stiky}(파란 창 집) 건물에서 오른쪽으로 돌아 까를로바와 세미나즈스까^{Seminárská}가 만나는 지점 왼쪽에 있는 건물 앞에 서면 끌레멘티눔으로 들어가는 입구가 있다. 여기에는 빠벨 요세프 샤파릭의 기념동판이 붙어 있다. 1844년 슬로바키아 개혁교회 사제의 아들이었던 그는 슬라브 민족 부흥운동 역사가로서 끌레멘티눔 도서관에서 일하기 시작했다.

    이 입구를 통해 끌레멘티눔 안마당으로 들어가면, 천문 관측소가 있는 높이 솟은 탑과 왼쪽에 그리스 가톨릭의 성 끌리멘트 교회와 그 너머 로마 가톨릭 살바또르 교회의 뾰족탑도 볼 수 있다.

    13세기에 까다로운 재판으로 악명높던 도미니칸 수도원이 현 끌레멘티눔 위치에 서 있고, 그 도미니칸 수도회가 또 여기에 고딕 양식의 성 끌리멘트 교회를 세웠다. 후스 운동 초기에 우니초브의 뻬뜨르 박사가 이 교회의 사제였는데, 종교개혁자들과는 철천지원수였다. 그는 위클리프의 저서를 비난하고 불태우는 일에 앞장섰을 뿐 아니라, 후스를 화형하도록 소송하기도 하였다. 1420년 프라하가 지그문트의 십자군 전사들의 반대편에 섰을 때, 따보르파는 프라하 시민들로 하여금 도미니칸 수도원을 덮쳐서 정복하도록 도왔다. 지그문트의 도움으로 수도사들은 1436년(립빤 전투 후)에 이곳으로 다시 돌아올 수 있었으나, 그때부터 그들은 간신히 생계만 꾸려 갈 수 있었다.

역사적 기록에는 오늘날 끌레멘티눔의 건물들이 1556년 페르디난드 황제 1세에 의해 프라하로 소속된 후에 행하였던 예수회들의 활동들과 주로 관련이 있다. 황제는 예수회에게 도미티칸 수도원과 고딕식 성 끌리멘트 교회(1653년 바로크 양식으로 재건축)를 주었다.

끌레멘티눔

> **끌레멘티눔**
>
> 예수회는 기본 건물들에다가 점차 주변 32개 저택과 7개의 마당과 모두 2에이커에 달하는 3개의 정원을 사들였다. 그리하여 1770년경에, 프라하에서 가장 크고 복잡한 건물로 둘러싸인 끌레멘티눔을 이루게 된 것이다. 성모 마리아 교회도 이곳에 포함되어 있는데, 프라하 대규모 건설 공사에 고용된 이탈리아 사람들이 1590년부터 1600년 사이에 세운 것이다(그들은 1593년 끌레멘티눔 남서쪽에 아름다운 새 예수회 살바또르 교회를 짓는 데 협조하기도 하였다).

처음에 예수회 멤버들은 끌레멘티눔 대학에서 가톨릭 정신의 젊은이들을 양성하는 일에 헌신하였다(학생들이 500명이 넘을 때도 많았다). 그러나 그들도 반종교개혁 운동에 참여하였고, 그 결과 자주 대학을 공격하는 후스파들의 저항에 부딪혀 싸워야 했다. 끌레멘티눔은 로마 경향의 이론적 중심지가 되었으며, 종교재판의 권한을 갖고 있는 합스부르크 가톨릭에 종사하였다. 1561년 예수회는 형제단의 감독 얀 아우구스트$^{\text{Jan August}}$와 그의 서기 야쿱 빌렉$^{\text{Jakub Bílek}}$을 잡아, 끄지보그랏 성 감옥에 7주 동안 가두고, 로마가톨릭교회의 구원설을 언급하면서 심문과 설득을 감행하였다.

빌라 호라 전투 이전부터 예수회는 합스부르크 지배자들의 정치적 결정에 영향을 주려고 노력하였는데, 1575년 체코신앙고백$^{\text{Česká konfese}}$의 권위에 관계된 토론과 1609년 루돌프 헌장 채택에 관한 모임에 특히 열심이었다. 그리하여 1618년, 후스파들의 봉기가 일어났던 초반기에 30명 지도자로 구성된 시민 혁명정부는 프라하와 체코 땅에서 예수회 수도회를 금지하는 포고령을 내렸다. 그러나 빌라 호라 전투(1621)에서 합스부르크가 승리함에 따라 예수회는 재빨리 프라하로 돌아왔고, 재가톨릭화 운동을 열성적으로 도왔다. 그때까지 후스파들이 가지고 있었던 까렐 대학 관장 권한을 1622년에 황제가 예수회들에게 넘겨주었고, 그들은 1657년경 까렐 대학을 독일 – 페르디난드 대학으로 바꾸어 버렸다. 재가톨릭화 초기에 개신교 인쇄소는 압수되어 끌레멘티눔 소속으로 바뀌었고, 후에는 가톨릭 인쇄소로 사용되었다.

1631년 색슨족이 프라하를 침공하였을 때, 잠깐 체코 망명객들이 고향으로 돌아올 수 있었고, 예수회들은 끌레멘티눔을 떠나야만 했다. 그러나 그들은 다시 돌아왔고, 그들의 재가톨릭화 활동은 더욱 기승을 부렸다. 젊은 세대들이 로마가톨릭 신앙심에 젖어들게 하기 위해, 연극이나 다양한 축제들을 열었고 마리아 숭배를 강화하고 확장시켰다. 1729년에는 드디어 얀 네뽀무쯔끼를 성자의 명부에 올리는 데 성공하였다. 재가톨릭화의 어두운 시기에 악명높던 종교재판의 앞잡이 안또닌 꼬니야쉬[Autonin Koniás]는 체코 성경과 개신교 문학을 찾아 파괴시키려 애를 썼는데 그 비극적 배경이 여기에 있었다.

그러나 그에 반하여, 예수회 애국자 보후슬라브 발빈[Bohuslav Balbín](1688)도 끌레멘티눔에서 일했는데, 뛰어난 역사가이자 언어학자였던 그는 체코 종교개혁 시기에 거의 잊혀져 왔던 민족에 대한 새로운 관심을 불러일으키는 데 주력하였다. 1773년 예수회가 해체된 후에 끌레멘티눔 대학은 까렐대학으로 소속되었고, 그 후에 체코민족부흥에 초점을 둔 많은 역사가들과 학자들의 작업으로 끌레멘티눔이 더 알려지게 되었다.

그중에는 겔리시우스 도브네르[Gelasius Dobner](1790), M. A. 보이그뜨[Voigt](1787), F. M. 뺄츨[Pelcl](1801), K. R. 운가르[Ungar](1807), 그리고 P. J. 샤파직[Šafařík](1861) 등이 포함되어 있으며, 그들의 이름은 끌레멘티눔 입구에 있는 기념동판에 기록되어 있다.

> ### 까렐-페르디난드 대학
>
> 1882년 까렐-페르디난드 대학교가 독일어와 체코어 파트로 나뉘어진 후에, 예수회 당시 원 독일어 대학은 프라하 문화생활에서 중요성과 지위를 잃게 되었다. 그러나 광범위한 장서들, 체코 종교개혁 시기부터 손으로 쓴 성경들, 찬송가들, 꼬멘스끼 같은 체코 작가들의 작품들을 계속 간수해 오고 있다. 이러한 소장품들은 후에 국립도서관과 공공기술도서관이 되는 토대가 되었다.

이탈리안 예배당

3. 끌레멘티눔의 성 살바또르 교회

끌레멘티눔 안마당으로 들어갔던 문을 통과하여 까를로바 거리로 돌아와 오른쪽에 있는 까렐 다리로 향한다. 우리는 오른편에 있는 이탈리안 예배당을 지나가게 되는데, 입구는 화려한 격자창 뒤에 있다. 거리 왼쪽을 따라 가다 보면, 부유한 시민들의 저택과 궁전들이 늘어서 있는 것을 볼 수 있다. 그중에 오늘날 따 판따스띠짜 극장이 있는 쀠띤고브스끼 궁전 Pöttingovský palác도 포함되어 있다(8/186번지). 조금 더 가면 유명한 천문학자인 얀 케플러Jan Kepler가 살았던 저택이 나온다(4/188번지). 그는 코페르니쿠스의 지동설을 수정, 발전시켰으며, 1,600년부터 루돌프 2세 궁전에서 띠호 브라헤와 함께 일했다.

우리가 도착한 크지조브니츠께 광장Křižovnické Náměstí은 까렐 다리 탑 앞에 있으며, 살바또르 교회가 탑의 반대에 서 있다. 이름이 같은 끌레멘티눔의 성 끌리멘트 교회가 신시가 끌리멘트 개혁교회와 한 쌍인 것처럼, 이 아름다운 교회는 구시가에 있는 살바또르 개혁교회Kostel sv. Salvatora와 한 쌍이다. 가톨릭 살바또르 교회(끌레멘티눔의 성 살바또르 교회)는 예수회 수도회가 오랫동안 지은 것으로 오리지널 르네상스식 바실리카부터(1581), 세 개의 네이브(가톨릭 교회당 건축에서 좌우의 측랑 사이에 끼인 중심부)가 있는 교회당(1640), 8면의 반구형 바로크 구조(1649)와 뒤의 뾰족탑(1714)까지 화려하고 웅장하며, 대부분 재가톨릭화 운동에서 얻게 된 힘과 부를 상징하고 있다. 그러나 개혁교도들의 반합스부르크 봉기 시기인 1618년부터 1620년까지 '체코형제단'이 이 교회를 사용하도록 허락받았다는 것은 거의 알려지지 않은 사실이다.

빌라 호라 전투에서 개혁교도들이 패배함에 따라 이 가톨릭 살바또르 교회는 즉시 예수회에 다시 점령당하였다(1620년에 형제단에 대한 새로운 박해가 시작되었으나, 그들 중 몇몇은 근처 강변에 있는 공장 건물에서 계속 비밀모임을 가졌다). 1723년 예수회 수도회가 해체된 후, 끌레멘티눔의 살바또르 교회를 까렐 대학교가 관리하게 되자, 곧 학생들을 위한 교회가 되었다. 오늘날에는 로마가톨릭교회의 '크리스천아카데미' 학생 예배장소로 사용되고 있다. 교회 중앙 입구 왼쪽에 있는 높은 아치문 밑에 옆문이 있는데 이곳을 통해 끌레멘티눔에서 가장 오래된 마당으로 갈 수 있다. 또한 이 문으로 과거 이웃 도서관들과 연합하여 만들어진 체코 국립도서관으로 들어갈 수도 있다.

다리 앞에 있는 경사진 지역은 '붉은 별 십자군 기사단'의 이름을 따서 크지조브니츠께 광장 krizovnické Náměstí 번역하면 '십자가 광장'이라고 부른다. 이 광장은 까렐 대학 설립 500주년 기념으로 까렐 4세의 동상을 세우는 일과 함께 1848년에 그 규모가 결정되었다. 이 기념물은 까렐 4세의 철주물 동상과 주변에 중세의 4개 학부(철학부, 신학부, 의학부, 법학부)를 표현하는 상징적 조각들로 구성되어 있다. 그리고 그 위에 대학교를 세울 때 왕에게 협조했던 주요 인물 4명의 조각들이 있다. 그들은 빠르두비츠 출신 대주교 아르노슈뜨 Arnošt, 블라쉬미예의 얀 오츠꼬 Jan Očko, 꼴로브랏 출신 베네쉬^{Beneš}, 그리고 왕의 건축사였던 아르라스의 마띠아쉬^{Matzás}이다.

> ### 아시시의 성 프란시스 교회
>
> 십자가 광장의 북쪽을 장식하고 있는 건물이 아시시의 성 프란시스 교회$^{\text{Kostel sv. Františka Serafinského}}$이다. 바로크 양식의 특색을 그대로 담고 있는 둥근 지붕의 형태를 지닌다. 이 교회는 1679~1689년에 초기 고딕 양식의 '성령 교회' 부지 위에 지어졌으며, '붉은 별 십자군 기사단'의 수도원의 초기 바로크 부분과 기사단의 역사를 보여 주는 프레스코가 그려 있는 홀이 교회 남쪽에 덧붙여 지어졌다.

성 살바또르 교회

4. 구시가 다리탑

구시가 다리탑^{Staroměstská Mostecká věž}은 십자가 광장^{Křižovnického náměstí}의 경사진 제방 위에 서 있고, 까렐 다리로 들어가는 문 구실을 한다. 1342년 홍수로 무너진 유디틴 다리를 대신하여 까렐 4세의 명령으로 1357년 뻬뜨로 빠를레즈^{Petr Parléř}가 이 탑을 세우기 시작했고, 1380년이 되어서야 완공되었다. 광장과 반대편(즉 다리쪽)에는 축복을 빌어 주는 이 다리의 수호성인 성 비트 동상과 그 앞에 2명의 설립자들의 조각상이 서 있다.

다리탑과 체코종교개혁과의 관련성은 연대기 기록자들의 글 속에 언급되어 있다. 후스전쟁 중에 얀 후스 순교 기념집회가 여기에서 매년 열렸다. 불타는 말뚝 주위로 많은 사람들이 모여 총을 쏘고, 노래를 부르며, 기념 연설을 했다. 이

구시가 다리탑

러한 전통은 체코슬로바키아 제1공화국 때 전국적으로 부활되었다.

이 탑은 빌라 호라 전투 후에 악명이 높아졌는데, 전투에서 패배한 지도자(개혁교도 지도자) 11명을 구시가에서 처형하고, 경고의 의미로 10년 동안 그 머리를 끈에 묶어 탑에 매달아 놓았다. 당시 쉴릭 백작의 머리만 가족들의 요청으로 내려지고, 그의 몸은 1622년 개혁교회 살바또르 교회에 매장되었다. 나머지 귀족들의 유골은 1631년 색슨족이 체코를 침공하던 시기에 프라하로 돌아온 개혁교도들에 의해 내려졌다. 그후 띤 교회까지 시가지를 통과하는 엄숙한 행렬이 이어졌고, 드라죠브의 마르띠니우스 S. Martinius z Drazova의 장례 설교로 유골들이 살바또르 교회에 완전히 매장되기 전까지 임시로 까롤리눔에 안장되었다.

30년전쟁 마지막 해에, 구시가 다리탑에서 큰 전투가 벌어졌다. 그때에 체코인 추방자들이 포함되어 있던 스웨덴 개혁교도 군인들은 까렐 다리를 넘어 구시가로 들어가려고 시도하였다. 계속되는 격렬한 싸움 끝에, 예수회의 J. 쁠라히 J. Plachý가 인도하던 까롤리눔 학생들과 시민들의 방해로 스웨덴 군인들이 밀려나게 되었지만, 1648년 10월 24일, 베스트팔렌조약으로 평화의 소식이 스웨덴 군인 사이에 전해지면서 전쟁은 끝이 났다.

다리와 마주하고 있던 원래의 화려한 정면 부분은 전쟁 중에 파괴되었다고 기념동판에 기록되어 있다(1650). 까렐 다리로 걸어가기 전에, 다리탑 남쪽 블타바 강 제방을 내려다보면서 이곳에 중세시대 때 쓰레기들과 벽돌로 가득찬 폐허가 된 물레방앗간이 서 있었던 것을 상상해 보라. 1609년 발표된 루돌프 황제헌장 때까지 법의 보호를 받지 못했던 체코형제단이 거기서 비밀모임을 가졌다.

프라하 여행객들에게 특히 인기 있는 까렐 다리를 향하여 다리탑의 문을 통과해 걸어가 보자. 이 다리는 1870년까지 설립자 까렐 4세의 이름을 따르지 않고 그냥 간단하게 '프라하 다리'라고 불렀다. 1357년에 (구 유디틴 다리와 거의 비슷한 자리에) 단단한 사암벽돌로 새 다리를 짓기 시작했으나 15세기 초에야 비로소 완성되었다. 건축장 뻬뜨로 빠를레즈$^{Petr\ Parlér}$가 죽은 후, 그 세기 말까지 수차례의 홍수로 손상을 입어 왔으나 고딕 양식의 원래 다리는 그대로 유지되었다(520미터의 길이, 10미터의 폭, 물을 버티는 16개의 교각 등).

> ### 까렐 다리의 동상 조각
>
> 다리는 재가톨릭화 시기에 30개의 동상과 가톨릭 성인들의 조각군으로 장식되었다. 1683년에서 1714년 사이에 세워진 대부분의 조각들은 마따아쉬 브라운과 브로꼬프 형제들의 작업장에서 만들어진 것이다. 다리 오른쪽 8번째 교각 중간에 세워진 성 안 네뽀무쯔끼 동상은 가장 오래된 것들 중 하나이다. 기념동판에 따르면 1393년 그는 이 지점에서 블타바 강에 던져졌다고 한다.

까렐 다리 끝으로 <u>소지구의 다리탑</u>$^{Malostranská\ mostecká\ vez}$에 도달하게 된다. 왼쪽(남쪽)의 낮은 탑은 루돌프 2세 때 지었던 유디틴 다리의 잔해로 만들어진 것이다. 오른쪽(북쪽)의 높은 탑은 1464년, 뽀데브라디의 이지$^{Jiří\ z\ Poděbrad}$ 통치 기간 중에 유디틴 다리의 두 번째 탑이 있던 자리에서 만들어졌다. 두 탑의 건축과 장식은 구시가 다리탑과 똑같이 디자인되었다. 구 로마네스크 구조로 된 두 탑 사이의 출입문은 1411년에 세워졌으며, 구시가의 문장과 바츨라프 4세의 투구장식물들로 장식되어 있다. 모든 다리의 구조는 바츨라프 4세 때 비로소 완성되었다.

소지구 다리의 출입문을 통과한 후에 블타바 강 왼쪽 제방 위에 있는 프라하 지역으로 들어가 보자. 종교개혁 시기에도 이 지역은 여전히 '프라하의 소지구'$^{Malá\ Strana}$라고 불렀다. 까렐 다리에서 프라하 성으로 이어지는 '왕의 길'$^{Karlovská\ cesta}$은 옛날 모스떼츠까 거리를 통해 소지구 중앙을 지나가게 된다.

까렐 4세 동상

5.
구 추기경 궁전

모스떼츠까^{Mostecká} 거리에서 첫 번째 골목 바로 오른쪽에 있는, 세 개의 황금종의 집$^{U\ tří\ zlatých\ zvonů}$ 앞에 멈춰 보자(16/47번지). 오늘날 이 건물 뒷마당에 있는 오래된 고딕식 탑의 잔해만이 이 자리에 있던 **추기경 궁전**$^{Biskupský\ dvůr}$을 기억하게 한다.

추기경 궁전은 인드지호 브제띠슬라브 추기경이 1197년 나무로 건물을 세웠다가 곧 로마네스크 양식으로 개축하였다. 그 후 14세기에 개혁을 좋아했던 드라직 출신 추기경 얀 4세(1364)와 프라하 두 번째 대주교 얀 오츠꼬(1364 - 1379)가 이 집을 커다란 고딕식 궁전으로 바꾸었다(프라하의 추기경 제도는 1344년 까렐 4세가 만들었는데, 첫 번째 대주교는 빠르두비츠 출신 아르노슈뜨였다).

추기경 궁전은 체코종교개혁사에서 아주 중요한 부분과 관련되어 있다. 후스전쟁 전에, 토론을 좋아하는 설교가인 야노브의 마떼이^{Matěj}가 추기경 궁전으로 자주 호출되어 심문을 받았다. 또한 1410년에는 하센부르크의 즈비넥 자이츠$^{Zbyněk\ Zajíc}$ 대주교가 위클리프의 저서들을 여기에서 불태워 버렸고, 얀 후스도 이곳에서 심문을 받았다. 후스파 봉기 중에 대주교의 본부는 파괴되었다. 쉬시까의 군사들과 지그문트 황제의 성 수비군 간에 여러 차례 충돌이 있고 나서, 추기경의 궁전은 1420년 점령되어 전소되었다. 페르디난드 1세 통치기간 중이었던 1560년, 가톨릭교회가 이곳을 다시 이용할 수 있게 되었을 때에는 이미 성 옆에 대주교 궁전이 만들어지고 난 후였다. 이전 궁전의 나머지 잔해들은 새 건물이 세워지는 동안 매장

되었다. 그러나 고딕식 궁전의 두 설립자의 문장은 탑에 그대로 남아 있다. 원 추기경 궁전의 다른 잔해는 7 / 63번지 건물 지하실에 보존되어 있다.

꼬우니츠끼 궁전, 황금 독수리 집, 세 마리 곰의 집

소지구의 중심부와 마찬가지로 모스떼츠까 거리에는 수많은 인상적인 저택들이 줄지어 서 있다. 이들은 모두 한때 부유한 명문 귀족들의 소유였으나 종교개혁의 역사와는 아무런 관련이 없다. 다만 왼쪽(요세프스께 거리 반대편)에 있는 좀 높은 건물 '꼬우니츠끼 궁전' Kounický Palác 15/277번지(오늘날 세르비아 모테에그로 대사관)와 '황금 독수리 집' U Zlatého orla 24/42번지 건물만 확인하고 지나가자.
또한 확인할 것이 말로스트란스께 광장으로 이어지는 모떼츠까 거리 왼쪽에는 '세 마리 곰의 집' U Tří medvědů이라고 불리는 건물이다. 후에 광장 낮은 지대로 옮겨 간 소지구 시청사가 1436년과 1438년에 이곳에 있었다. 이 건물은 여러 번 다시 지어졌으나 두 개의 오래된 고딕식 감옥과 오리지널 철문이 뒷마당에 보존되어 있고, 그 마당 뒤에 소지구 방비공사 시스템의 한 부분이었던 고딕 양식 탑의 잔해가 남아 있다.

6. 승리의 성모 마리아 교회

말로스트란스께 광장Malostranské nam 남쪽 끝에서 왼쪽으로 돌아 까르멜리트스까Karmelitská 거리 전차 길을 따라 내려가 보자. 거리 양쪽에 귀족들의 궁전으로 사용되었던 화려한 명문저택들을 많이 볼 수 있다. 약 150미터, 걸음으로 약 300보 정도를 걷다 보면, 오른쪽에 '승리의 성모 마리아 교회' Kostel P. Marie Vítězné에 이르게 된다.

> ### 얀 후스 기념예배당
>
> 후스전쟁 중이던 1586년에 소지구의 신 이종성찬주의자와 루터 교도들이 사용했던 얀 후스 기념예배당이 17/395번지 건물 가까이에 있는 작은 공동묘지 안에 서 있다. 이는 가톨릭의 반종교개혁 활동이 예수회에 의해 강화되던 시기에 순교한 지도자들을 기념하기 위해 봉헌된 유일한 예배당이다. 빌라 호라 전투에서의 패배 후 예배당은 가톨릭에게 점령되었고, 그 당시 프라하에 살고 있던 프랑스 사람들에게 주어졌다. 그 후 1628년에 까르멜 수도회 수도사들이 프랑스인들로부터 교회를 넘겨받았고, 재가톨릭화 시기였던 1654년에 후스의 이름이나 성찬잔의 상징과 연관된 모든 것과 함께 이 교회도 폐쇄되었다. 그러나 그 전에 '후스'와 '예로님'으로 알려진 교회의 2개의 종이 성삼위일체 새 교회로 옮겨졌다. 성삼위일체 교회는 루돌프 황제 헌장이 발표된 이후 독일 루터교도들이 세웠다.

승리의 성모 마리아 교회는 프라하 첫 번째 바로크 건물로서 1611년에서 1613년 사이에 독일 루터교도들이 이 건물을 세웠고, '성삼위일체'(Holy Trinity)에게 봉헌되었으며, 프라하 문화재 등기소에 등록되어 있다. 그러나 교회는 1624년 빌라 호라 전투에서 장군 도미닉 예수 마리아 Dominik Jesu Maria의 영웅적 행위에 대한 보상으로, 페르디난드 2세에 의해 까르멜 수도회에게 주어졌다. 전설에 따르면 까르멜 수도회 수도사가 전쟁터에 성모 마리아 그림을 가지고 와서 황제군에게 용기를 북돋아 주었다는 이유로 합스부르크 승리에 특별한 공을 인정받았다고 한다. 그 그림의 복사본이 교회 중앙제단 위에 놓여 있고, 빌라 호라 전투를 묘사한 그림이 제단 뒤에 걸려 있다. 두 번째 승리의 성모 마리아 교회가 빌라 호라에 세워지기 전에, 이 교회 전체가 합스부르크의 승리를 기념하게 된 것이다. 본래는 개혁교회의 것인데 지금은 가톨릭의 바로크 형태로 바꾸어 마라다스의 돈 발타자르 Don Baltasar de Marradas (가톨릭 십자군으로 참여하여 30년전쟁 때 1638년 8월 12일 프라하에서 전사한 스페인의 귀족)의 문장(紋章)이 교회 앞쪽 창문 위에 놓여 있다.

성모 마리아 교회

승리의 성모 마리아 교회 입구 성수대

성삼위일체 교회에서 재가톨릭화 이후에 성수대로 사용되고 있는 붉은 대리석 침례반만이 이 교회의 종교개혁 역사를 가르쳐 줄 뿐이다. 방문객의 주의를 끄는 "Bambino de Praga"는 1628년 로브꼬비체의 뽈릭세나 부인이 교회에 헌납한 것으로 사치스러운 옷을 입고 있는 아기 예수의 왁스 조각상이다. 교회 밑에는 오래된 지하묘지가 있다.

7. 브르뜨바 궁, 옛 크리슈토프 하란트의 집

 종교개혁의 유산이 반종교개혁의 승리로 완벽하게 덮이진 성모 마리아 교회를 떠나, 까르멜리뜨스까^{Karmelitská} 거리로 되돌아온다. 말로스뜨란스까 광장 방향으로 100미터쯤 가다가 뜨르쥐슈띠예^{Tržiště} 거리 코너에 있는 25/373번지 건물 앞에 멈추어 선다. 이 저택은 후기 르네상스 양식으로 개조된 1613년부터 브르뜨바의 쎄지마$^{Sezima\ z\ Vrtby}$ 경의 소유로 알려져 왔다.

 체코종교개혁 시기인 1597년에 지어진 르네상스 양식의 오리지널 궁전, 브르뜨바 궁$^{dům\ Vrtbovský}$은 원래 개혁교도 귀족이었던 크리슈토프 하란트$^{Kryštof\ Harant}$의 소유였다. 그는 르네상스 음악의 작곡자이자 여행광으로 유명하였다. 팔레스타인과 이집트를 여행한 후 여행에 관한 삽화를 넣은 화려한 책을 펴내기도 했다(1608). 그는 1618년 반합스부르크를 모반하는 개혁에 단호히 가담했을 뿐만 아니라, 뚜른 백작과 함께 1619년 실패한 반비엔나 캠페인에도 참여한 인물이다.

 하란트는 프리드릭 팔츠끼 왕의 짧은 통치 기간 중에 왕궁에서 서기로 일하기도 했으나, 빌라 호라 전투의 실패로 구시가 광장에서 처형당하게 된 개혁 세력의 지도자 명단 중 세 번째에 오르게 되었다. 빌라 호라 전투 이전에 이미 가톨릭 편에 섰던, 황제의 집사 브르뜨바의 쎄지마가 이 성을 포함한 하란트의 몰수된 재산 모두를 획득하였고, 이와 같은 방법으로 지방에서도 재산을 키워 나갔다.

> **쎄지마의 정원**
>
> 약 100년 후에 쎄지마의 후손들은 이 성을 수리하고, 그 뒤에 층층으로 된 바로크 양식 정원을 만들었다. 이곳은 F. M. 까넥이 계획하였고, 마띠아쉬 브라운의 작업실에서 가져온 항아리들과 고대 신들의 조각으로 장식하였다. 이 정원에서는 여전히 소지구 중심부와 프라하 성의 아름다운 전망을 볼 수 있다.

하란트의 저택

이 저택에는 두 개의 기념동판이 있다. 낮은 쪽에 있는 동판은 크리슈토프 하란트에 관한 것이고, 높은 쪽에 있는 동판은 1886년부터 여기서 살면서 일했던 화가 미꿀라쉬 알레쉬 Mikuláš Aleš에 관한 것이다.

8. 소지구의 성 미꿀라쉬 교회

브르뜨바 궁을 넘어 100미터쯤에 말로스트란스께 광장$^{Malostranské\ nám}$ 위로 성 미꿀라쉬 교회$^{Malostranský\ kostel\ sv.\ Mikuláse}$의 지붕이 윤곽을 드러낸다. 오늘날 유럽에서도 대표적인 바로크 건물로 손꼽히는 성 미꿀라쉬 교회는 반종교 개혁운동이 한창이던 시기에 지어진 것이다. 그래서 빌라 호라 전투 전에 여기에 있었던 두 개의 후스파 교회(옛 성 미꿀라쉬 교회와 성 바츨라프 교회)에 대한 기억은 잊혀지고 말았다.

성 미꿀라쉬 교회

현재 건물의 중요한 구조는 1704년에서 1711년 사이에 생겼고, 둥근 지붕과 첨탑은 1737년에서 1752년 사이에 덧붙여졌으며, 종탑은 1755년에 완성되었다. 특히 본당 천장에 정교하게 그려진 1,500제곱미터에 달하는 프레스코Fresco(르네상스와 바로크 시대에 많이 그려진 벽화와 기술 혹은 형태를 말함)로서, 빌라 호라 전투에서 승리한 로마가톨릭교회에 축적된 힘과 부를 보여 주기 위한 의도였다.

새로 짓기 전 고딕 양식의 성 미꿀라쉬 교회는 까렐 4세 통치 기간 중에는 콘라드 발하우저와 얀 밀리츠가 관리하였고, 후스전쟁 시기에는 이종성찬주의 사제가 사용하였다. 얀 미슈따Jan Mista 사제는 블라디슬라브 야겔론스끼 왕의 통치기간 중 로마가톨릭교회의 면전에서 성찬잔의 사용을 열광적으로 옹호하였는데, 이곳에서 후스전쟁에 관한 연대기를 쓰기도 했다. 그는 1483년, 가톨릭 성체 행렬과 충돌한 시위에 참여했다는 이유로 카를슈떼인karlstejn에 있는 왕의 감옥에 갇힌 후스파 사제 중 하나였다. 성 미꿀라쉬 후스파 교회의 마지막 사제는 얀 로사시우스 호조브스끼Jan Rosacius Horovský였다.

호조브스끼는 1618년 5월 21일, 반합스부르크 무장 봉기를 시작하는 개혁교도들의 시위 중에 설교함으로써 종교개혁 역사의 한 부분에 기록된다. 빌라 호라 전투 패배의 결과로 체포된 개혁교도 지도자들은 그에게 신앙의 상담자가 되어 주기를 청하였다. 그래서 1621년 6월 20일, 성의 토굴로부터 구시청사에 있는 감옥에까지 가서 유죄선고를 받은 귀족들을 호위하였고, 감옥에서 그들에게 성만찬을 베풀어 주기도 하였다. 그리고 그 다음날 처형장소까지 그들과 동행하였다.

호조브스끼는 그 파란만장하던 날의 이야기를 "시들지 않는 체코 순교자들의 왕관"이라는 제목의 감동적인 글로 남겼다. 그는 결국 프라하에서 쫓겨났고, 추방당한 체코 사람들의 설교자로서 색슨 지역에 있는 삐르나pirna에서 활동했다. 1631년 색슨족의 군대가 프라하를 일시적으로 점령했던 시기에, 호조브스끼는 처형된 귀족들의 유골을 구시가 다리탑에서 내리고 장례를 치르기 위해 다른 추방자들과 함께 프라하로 돌아왔다. 그는 1637년 색슨 지방에서 추방된 채 죽음을 맞이했다.

성 바츨라프 교회Kostel sv. Václava도 종교개혁 중에 후스파에 속했던 교회였는데, 재가톨릭화 시기까지 성 미꿀라쉬 교회 북쪽에 있었다. 빌라 호라 전투에서 승리한 페르디난드 2세가 이 교회의 관리를 예수회에게 맡겼고, 예수회는 주변에 있는 20여 개의 건물을 사들여 확장해 나갔다. 그들은 곧 교회를 포함하여 모든 부속 건물들을 부수고 점차 말로스트란스께 광장 절반 정도를 차지하는 커다란 대학 건물을 배치하였다. 새로운 대학은 1673년에서 1690년에 거쳐 세웠는데, 가톨릭 교세의 확장을 보여 주기 위해 마치 성채처럼 디자인하였다.

현재 성 미꿀라쉬 교회로 들어가는 중앙입구는 건물 서쪽에 있고, 웅대한 바로크 양식의 정면 밑에는 초대교회 교부들의 조각이 장식되어 있다.

> **이지 트자노브스끼**
>
> 성 미꿀라쉬 교회에도 이종성찬주의 학교가 있었다. 루터교 성직자이며 슬레스꼬 혈통의 시인이었던 이지 트자노브스끼Jiří Třanovský(1673)는 1612년부터 1615년까지 이 학교에서 교사로 일하였다. 트자노브스끼는 특히 찬송가 작곡가로 유명하였는데, 재가톨릭화 시기에 추방당한 후 1636년 슬로바키아 레보차에서 개혁교도들의 찬송가 "cithara sanctorum"을 출판하였다. 이 찬송가집에는 체코 성경의 끄랄릭 언어로 쓴 400여 곡의 찬송가가 수록되어 있으며, 많은 트자노브스끼의 찬송들이 오늘날에도 불리고 있다. 1937년 트자노브스끼 사후 300주년에 그의 작업을 기념하여 프라하의 콘스탄츠연합Kostnická jednota(번역자주 – 1905년에 설립된 체코종교개혁의 영적 유산을 고백하는 교회들의 연맹체로 1918년 체코형제복음교단 형성의 기초가 되었다. 1914년부터 초교파적으로 「콘스탄츠의 불꽃」Kostnické jiskry이라는 주간신문을 발간하고 있다.)은 폐쇄된 예수회 기숙사 북동쪽에 기념현판을 만들어 붙였다.

9.
리흐텐슈타인 궁과
모르진스끼 궁

　성 미꿀라쉬 교회로 들어가는 계단 앞 맞은편에서 말로스트란스께 광장 위쪽의 대부분을 차지하고 있는 리흐텐슈타인 궁^{Lichtenstejnský palác}을 볼 수 있다. 이곳은 빌라 호라 전투로 생긴 불행한 재난들의 조용한 목격자라고 할 수 있다.

　까를 본 리흐텐슈타인^{Karl von Lichtenstein}은 페르디난드 2세의 부섭정인으로, 빌라 호라 전투에서의 승리 후에 합스부르크 왕가에서 행했던 잔인한 보복의 주모자였다. 그는 1620년에서 1627년까지 이 오리지널 르네상스식 궁에서 살았으며, 민중봉기의 지도자들을 체포하여 프라하 성 감옥으로 옮길 때까지 그곳에 구금하였다. 또한 리흐텐슈타인 백작은 1620년 6월 21일 구시가 광장에서 있었던 끔찍한 처형극을 조직하고 준비하였다.

　1999년에는 그날의 사건을 상기시키기 위해, 이 건물을 수리하며 긴 복도 끝에 상징적으로 27개의 금속머리 기둥을 세워 놓았다. 후에 합스부르크 용병이었던 발드슈타인의 알브레흐뜨 본부가 여기에 있었다.

리흐텐슈타인 궁

리흐텐슈타인 궁

오늘날 고전적인 스타일의 건물은 1791년부터 내려온 것이지만, 오래된 후기 르네상스식 저택의 형태는 북쪽 날개 부분에만 보존되어 있다. 요세프 2세 황제 통치 시기부터 진보적인 예수회였던 요세프 도브로브스끼 사제가 1811년부터 1826년까지 여기서 살았다. 요세프 2세는 역사에서 체코종교개혁의 중요성에 별로 비중을 두지 않는 인물이었다. 오늘날 음악예술아카데미(HAMU)가 이곳에 있다.

리흐텐슈타인 궁 앞, 북쪽의 경사진 곳에 1715년부터 서 있는 성삼위일체가 조각된 패스트(흑사병) 탑이 주의를 끈다. 하지만 우리는 멈추지 않고 궁의 코너에서 왼쪽으로 돌아 네루도바(Nerudova) 거리로 걸어 올라가 보자. 100미터쯤 가서 오늘날 루마니아 대사관이 있는 건물 왼쪽에서 멈춘다(5/256번지). 모르진스끼 궁(Morzinský palác)이라고 불리는 이 건물은 프라하에서 바로크식 건축의 가장 중요한 본보기로 알려져 있다.

모르진스끼 궁

　모르진스끼 궁을 살펴보면 무어인 전령의 형상이 발코니를 받치고 있고, 입구 위에는 밤과 낮을 상징하는 반신상이, 아테네식 박공에는 세상의 네 구석을 나타내는 조각이 붙어 있는데, 이것들은 모두 F. M. 브로꼬프^{Brokoff}의 작품이다. 이 건물은 1781년 10월 13일 요세프 2세 황제 때 공표된 "관용의 칙령" 후, 프라하에서 열린 첫 번째 공식적인 개혁교도의 예배장소였다. 하지만 이후 160년이 넘도록 재가톨릭화의 잔인한 책략은 계속되었고 프라하는 완벽하게 로마가톨릭교회의 지배를 받았으므로 재가톨릭화를 위한 계획은 계속 진행되었다.

　R. 슈미츠 사제의 지도하에 독일 루터교도들은 이곳에서 1782년 11월 15일에 첫 번째 공식적인 예배를 드렸다. 첫 번째 공식적인 체코예배는 1782년 12월 15일에 슬로바키아 루터교 사제였던 M. 마르꼬비츠^{Marković}의 지도하에 역시 이곳에서 드려졌다. 그 후 프라하의 루터교도들은 자신들의 예배장소가 생길 때까지, 모르진스끼 궁의 예배당에서 계속 예배를 드렸다.

　1790년 독일 사람들에게는 브 이르하지흐의 성 미할 교회(세 번째 구역 - 11)가 주어졌고, 체코 사람들에게는 뜨루흐라즈스까^{Truhlářská} 거리에 있는 기도처가 주어졌다가, 1863년에 구시가에 있는 살바또르 개혁교회(두 번째 구역 - 7)가 주어졌다.

10. 스미지츠끼의 집

　네루도바 거리를 돌아 내려와 말로스뜨란스께 광장 코너에 있는 스니예보브니^{Sněmovní} 거리로 가 본다. 여기에서는 한때 체코에 큰 영향을 끼쳤던 가문의 소유인 스미지츠끼의 집^{Dům Smiřických}을 볼 수 있다. 가톨릭 합스부르크에 저항하여 시민봉기가 일어나던 때인 1603년에 알브레흐트 얀 스미지츠끼가 이 건물을 세웠다.

　1618년 5월 22일, 드디어 내일이면 시민들이 프라하 성으로 밀고 들어가 왕의 부섭정을 창 밖으로 던져 버리려는 반합스부르크 혁명의 마지막 준비를 위해, 스미지츠끼 백작은 유명한 체코의 귀족들인 바츨라프 부도베쯔, J. M. 뚜른, 그리고 O. 브힌스끼^{O. Vchynský} 등을 이 집으로 초대하였다. 그 당시 그의 나이는 23살밖에 되지 않았지만 종교개혁 세력의 강력한 대변인이었고 체코 시민들의 대표자였다. 스미지츠끼는 30명의 지도자로 구성된 혁명정부의 핵심으로 뽑혔으며, 합스부르크 왕 페르디난드 2세를 대신하는 체코 왕의 후보자로 추천되기도 하였다. 그는 시민군을 무장시키기 위해 적지 않은 재산을 헌납하였고, 뜨룬 백작과 함께 비엔나에 대항하는 전투에 참가하였다.

그러나 남부 체코로 새로운 원정을 준비하는 동안 그는 중한 병에 걸렸고, 1618년 10월 18일 그의 집에서 결국 숨을 거두고 말았다. 예기치 못했던 그의 죽음은 민중봉기 과정에서 심각한 영향을 미치게 되었다. 빌라 호라 전투 패배 후, 스미지츠끼의 재산은 이 집을 포함하여 대부분 압수되어 합스부르크 군대 용병대장이었던 발드슈테인의 알브레흐뜨에게 주어졌다. 발드슈테인은 근처에 호화로운 성이 완성될 때까지 여기서 살았다.

> **스미지츠끼의 집**
>
> 스미지츠끼의 집은 1763년 퇴창(튀어나온 창)과 바로크식 정면의 모습을 그대로 유지한 채 후기 르네상스 스타일로 재건축되었다. 체코 정부는 이 건물을 하원의사당으로 사용할 목적으로 화려한 초록색 정면을 포함하여 사치스럽게 수리하였다. 옆에 있는 전 슈테른베르크 백작 성처럼 국립박물관을 세우기 위한 기초 작업을 했으며, 체코국립과학회를 창시한 슈테른베르크 백작의 이전 소유 저택(19/7번지)이기도 하였다.

스미지츠끼의 집

11. 소지구의 옛 시민회관

　말로스뜨란스께 광장 북쪽 코너 사거리 오른쪽으로 레뗀스까 거리가 시작되는 곳에서 우리는 역사적으로 매우 중요한 건물을 보게 된다(4/35번지). 현재는 말로스뜨란스까 베쎄다^{Malostranská beseda}(소지구 만남의 집)라고 불리는 이곳에는 15세기 말부터 1784년까지 오리지널 르네상스식 소지구 시민회관 건물이 자리했다. 이 건물은 1617년에서 1622년까지 후기 르네상스식으로 재건축되었으나, 오리지널 문은 1660년에 덧붙여진 종마루 장식과 함께 복도 회랑 쪽에 보존되어 오고 있다.

　1575년 3월 21일에서 5월 14일 사이에 소지구 시민회관의 회의실에서 작성된 '체코신앙고백' Česká konfese을 기념하기 위해 1931년 현재 건물 회랑의 왼쪽 기둥에 기념동판을 설치하였다. 이 고백서는 믿음의 고백에 함께 참여한 후스파 이종성찬주의자, 루터교도, 형제단들이 막시밀리안 2세(1576)에게 헌정하였다.

　'체코신앙고백'을 준비할 때, 체코 땅에 있는 모든 교파의 뛰어난 신학자들이 참여하였다. 그중에 루터 교단의 빠벨 프자자^{Pavel Práza}(1586)와 형제단의 대표 이지 스프레이츠(1599) 등이 활약했다. 이 신앙고백은 처음에 루터교 신앙에 강조를 두었지만, 당시에는 종교와 국가 간의 관용과 에큐메니칼 연합의 뜻을 담은 유일한 문서였다. 비록 이 신앙고백이 그 당시 공식적으로 황제의 승인을 받지는 못했지만, 후에 루돌프 2세에 의해 1609년 7월 12일에 발표된 '황제헌장'의 토양이 되었다. 황제헌장은 멀기만 했던 종교의 자유를 더구나 그 당시 어디에서도 언급하지 않았던 농노들에게조차 인정받게 되었다.

오늘날 소지구의 시민회관은 다양한 문화적 목적으로 사용된다. 재가톨릭화 시기에 "성모 마리아의 승천"이라는 제목의 바로크식 그림으로 장식한, 이웃의 우 플라비누$^{U\ Flavínů}$라는 건물도 체코종교개혁과 관련이 있다 (22/26번지). 1500년에 바르톨로메이 네똘리츠끼$^{Bartolomej\ Netolický}$(1552)가 여기에 인쇄소를 세웠다가 1547년 후스파 성경을 출판했던 구시가의 유명한 이지 멜란뜨리흐 인쇄소와 합병하였다.

체코신앙고백 동판

12. 발드슈테인 궁과 꼬멘스끼 교육학 박물관

레뗸스까 거리 코너에서 동쪽을 보면, 이웃하는 건물들 사이로 성 또마쉬^{Kostel sv. Tomáše} 교회의 첨탑이 언뜻 보인다. 이 교회도 재가톨릭화 시기에 바로크화 된 교회로서, 여기에 아우구스 수도원의 웅장한 건물들이 더해졌는데 그중에는 수도원의 유명한 양조장도 포함되어 있다. 레뗸스까 거리 코너에서 또마슈스까 거리를 따라 발드슈테인스께 광장^{Valdštejnské nám.}으로 가 보라. 발드슈테인 궁^{Valdštejnský palác}은 프라하에 있는 가장 먼저 생긴 바로크 건물 중의 하나이다. 황제 페르디난드 2세의 총통이며 프리들란트의 공작, 발드슈테인 출신 알브레흐뜨 바츨라프 유세비우스 공작이 1624년부터 1630년에 걸쳐 이탈리아 건축가들을 불러 이 성을 지었다. 발드슈테인이라는 이름은 재가톨릭화와 밀접한 관련이 있다.

알브레흐뜨 발드슈테인은 헌신적이고 자기희생적인 반합스부르크 반란의 지지자였던 A. J. 스미지츠끼와는 정반대되는 인물이었다. 그는 개혁교도 가문의 사람이며, 1599년부터 1602년까지 알트도르프^{Altdorf}와 뉘른베르그^{Nürnberg}에 있는 루터아카데미에서 교육을 받았지만 자신의 출세, 즉 황제군의 용병이 되기 위하여 가톨릭 교도가 되는 데 주저하지 않았다.

발드슈테인 군대의 일부가 빌라 호라 전투에 참가한 후인 1621년, 그는 황제군의 대장이 됨으로써 스미지츠끼 측 사람들을 포함한 체코 귀족들의 재산을 몰수하는 데 유리한 위치에 있었다. 또한 발드슈테인은 다른 나라에서도 30년전쟁 중 개혁교도 동맹군에 대항해 황제군을 지휘하였다. 1632년 11월 16일에 있었던 유명한 뤼젠 전투에서도 그는 스웨덴 왕 구스타프 아돌프 2세의 군대와 격돌하였다. 이 전투에서 스웨덴 군이 이겼지만, 유럽에서 개혁교도들의 권리를 충실히 대변하였던 구스타프 왕은 살해되었다. 후에 발드슈테인은 그의 배반 행위와 권력욕 때문에 황제의 눈 밖에 나게 되고, 결국 1634년 2월 25일 반역죄로 헤브에서 비참한 죽음을 맞게 된다.

발드슈테인 궁

발드슈테인 궁은 26개의 일반 주택과 3개의 정원을 포함하고 있는데, 내부의 가구와 장식을 보면 당시 소유자의 엄청난 부와 최상류 귀족들의 삶을 짐작할 수 있다. 궁전 옆 큰 정원 안에는 이탈리아식 'salla terrena'(반원형 바로크 테라스)도 있고, 지금은 국립미술관으로 바뀌었지만 정원으로 둘러싸인 발드슈테인 승마장도 있다. 오

꼬멘스끼 교육학 박물관

늘날에는 체코의 상원의사당이 자리하고 있다.

또한 체코 교육시스템의 발달에 관한 상세한 기록이 있는 J. A. 꼬멘스끼 교육학 박물관^{Pedagogické muzeum J. A. Komenského}이 1990년까지 발드슈테인 궁 안 커다란 방에 자리하고 있었다. 현재 이 기록물들은 발드슈테인스까^{Valdštejnská} 거리 왼쪽에 있는 황금 태양의 집^{Ú zlatého slunc}으로 옮겨 갔다(20/161번지). 박물관은 화요일과 수요일 10 : 00~12 : 30, 13 : 00~16 : 30에 문을 연다.

발드슈테인스까 거리에서 승마장을 지나 끌라로브 광장 코너로 계속 가보자. 가는 중에 길 왼쪽으로 꼴로브라쁘스끼 궁전^{Kolovratský palác}(오늘날 폴란드 대사관)과 퓌르스뗀베르스끼^{Fürtenberský palace}(인도 대사관) 같은 다른 궁들도

볼 수 있다. 프라하 성 테라스가 이 건물들 위에 위치하고 있다. 여기 말로스트란스까 역에서 A선 지하철을 타고 무스텍까지 갈 수 있으나 시간과 날씨가 허락한다면 걸어서 가 보는 것도 좋다.

끌라로브 광장 남쪽 끝에서 왼쪽으로 돌아 마네스 다리$^{\text{Mánesův most}}$를 건너 얀 빨라흐 광장$^{\text{nám. Jana Palacha}}$으로 계속 가 보자. 거기에서 구시가 광장$^{\text{Staroměstské nám.}}$에 이를 때까지 까프로바 거리 쪽으로 진행한다.

천문시계가 있는 멜란뜨리호바 거리로 들어가 구시청사 남쪽까지, 그리고 무스텍 역 입구가 있는 바츨라프 광장 아래쪽 나 무스뜨꾸 거리까지 계속 걸어가 보자.

다섯 번째 구역
프라하 성,
빌라 호라(백산)

1. 프라하 성(pažský hrad)
2. 체코종교개혁 역사 속의 프라하 성
3. 흐라드차니(Hradčany) 지역의 성에서부터 빌라 호라까지
4. 운명적 투쟁의 무대 빌라 호라(Bílá hora, 백산)
5. 빌라 호라 여름별장 '별'(Hvězda, 흐비예즈다)
6. 재가톨릭화에 대한 회상
7. 관용의 시기와 완전한 종교의 자유

(다섯 번째 구역을 구경하며 걷는 데 걸리는 시간 약 60~80분, 여름궁전 '별'을 방문하지 않으면 45~60분)

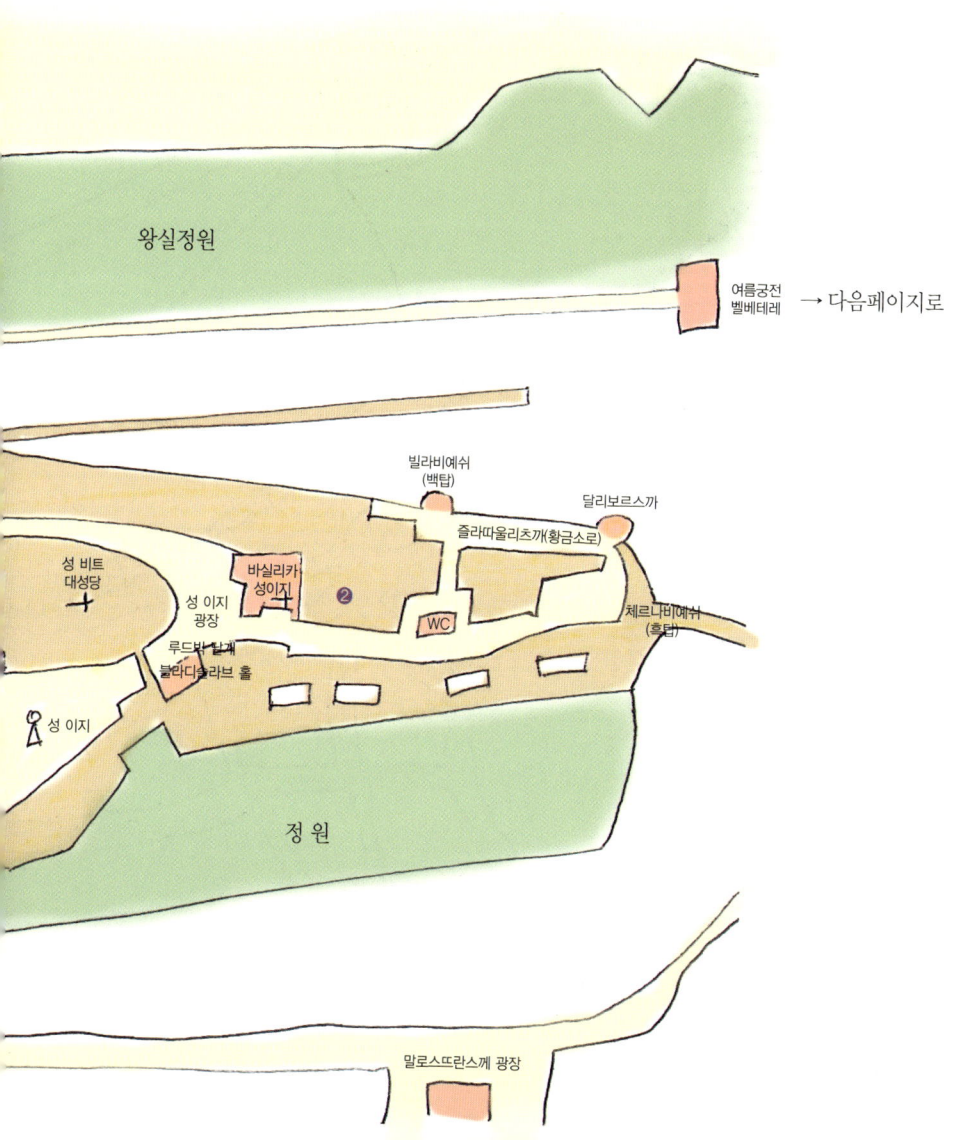

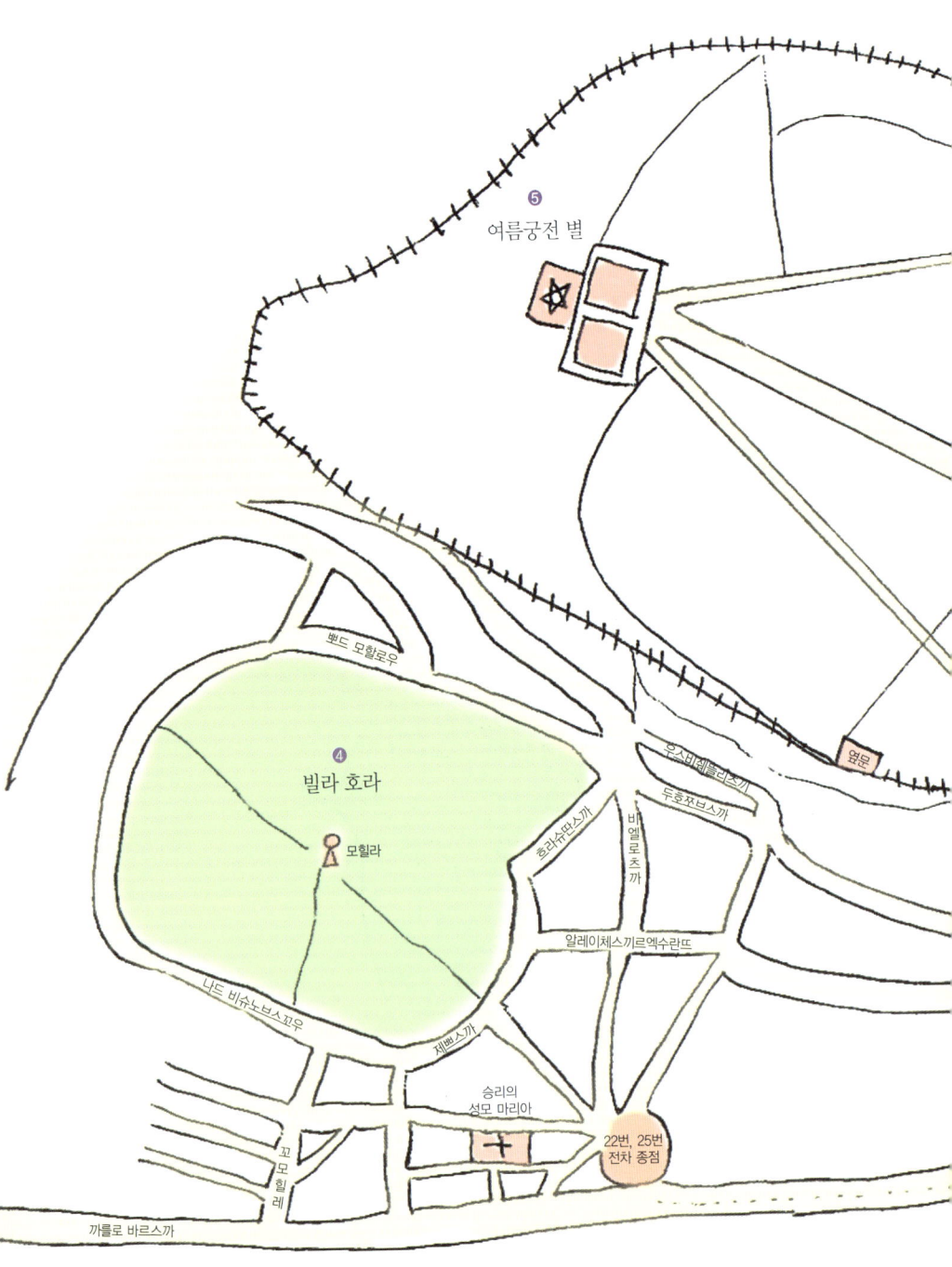

→ 시내 Tesco 마이방향

1, 2, 18번
전차 종점

안 로하츠

정문

비엘로 호르스까

1.
프라하 성

　시간을 절약하기 위해 마지막 장은 전차를 타고 여행을 할 것이다. 무스텍 지하철역에서 '9·28 거리'[28 října]를 지나, 남쪽 나로드니 트지다[Národní třída]로 향해 걸어가자. 거기서 빨라띠즈 입구를 지나 오른편의 '벽 속의 마르띤 교회'로 가는 인도를 건너간다. 나 뻬르슈띠니예[Na Perštýně] 거리와 만나는 사거리를 건너 나로드니 트지다 16 / 118번지 깐뉴꾸브 둠의 아케이트에 멈추면 그곳에서 우리는 1989년 11월 17일 사건을 알려 주는 동판과 꽃다발을 볼 수 있다. 그 당시 시위하는 학생들에 대한 공산당 경찰의 잔인한 제재가 결국 전체주의의 붕괴를 가져오게 되는 '벨벳혁명'의 기폭제가 되었음을 알 수 있다.

　나로드니 트지다 길 서쪽으로 150미터쯤 가면, 국립극장[Národní divadlo] 앞 전차정류장에 이른다.

　요셉 지떽이 지은 현대적 르네상스 스타일의 첫 번째 국립극장은 1881년 완성되자마자 불에 타버렸다. 그러나 전국적으로 모인 기부금에 힘입어 요셉 슐츠라는 뛰어난 건축가가 두 번째 국립극장을 완성했다. 뛰어난 예술가들이 협력하여 조각과 그림들을 디자인하였고, 1883년 11월 18일에 드디어 개관하게 되었다. 1980년대에는 '새로운 무대'Nová scéna라고 부르는 유리극장 건물이 옆에 생겼다.

국립극장에서 블타바 강 방향으로 가는 22번 또는 23번 전차를 타면 레기이 다리Most legií를 건너면서 까렐 다리의 고딕식 외관과 성(흐라드차니)의 아름다운 전경을 볼 수 있다. 다리를 건너면 곧 프라하 소지구(말라 스트라나)에 이른다. 전차 22번이나 23번이 오른쪽으로 돌면 우예즈드Újezd 정류장이 있는데 정류장을 지나자마자 사거리 왼쪽으로는 까렐 4세가 프라하 소지구를 방어하기 위해 지은 '배고픈 벽'Hladové zdi의 하단부분을 언뜻 볼 수 있다.

> ### 전차로 보는 까르멜리트스까 거리의 풍경
>
> 전차로 까르멜리트스까Karmelitská 거리를 가다 보면, 네 번째 구역에서 이미 방문했던 승리의 성모 마리아 교회, 브르뜨보브스끼 성, 그리고 성 미꿀라쉬 교회 등 여러 건물들을 다시 볼 수 있다. 말로스트란스께 광장에서 전차가 서면, 왼쪽으로 스미지츠끼 성이 보이고, 레뗀스까 거리로 들어가자마자 소지구 만남의 집(말로스트란스께 베세다)의 왼쪽 코너에서 체코신앙고백 초안을 축하하는 동판을 볼 수 있다. 레뗀스까 거리 왼쪽으로, 성 또마쉬 교회와 수도원의 높은 벽을 지나가게 된다.

끌라로브 광장에 있는 말로스트란스까 전차 정류장에서 바람 부는 호트꼬바Chotková 거리로 올라가면, 굉장한 도시의 광경이 우리의 시선을 사로잡는다. 언덕을 다 올라와 전차가 왼쪽으로 돌 때 오른쪽 코너를 바라보면, 한때 뛰어난 조각가 프란티쉑 빌렉이 소유했던 벽돌집 별장 앞의 조각군을 볼 수 있다. 이 예술작품은 고향을 떠나는 J. A. 꼬멘스끼Komenský - Comenius와 그와 관련된 사람들이 함께 추방된 역사를 묘사한 것이다. 이것은 구시가에 있는 후스의 기념동상과 유사하다. 계속 전차를 타고 가다 보면 안나 왕비의 여름궁전 벨베데르(Belvedér)를 지나게 되고, 그 후에 곧 우리가 내려야 하는 프라하 성(Pražský hrad) 정류장에 도착한다.

꼬멘스끼 동상

2. 체코종교개혁 역사 속의 프라하 성

정류장에서 내려 왼쪽 전찻길을 건너 성의 북쪽을 향해, 사슴해자(옐레니 프지꼽) 위에 있는 화약다리(쁘라슈니 모스뜨)를 건너 당당히 서 있는 르네상스식 피까시 문(피까시 브라나)으로 들어가 보자.

체코 역사 초기에 프라하 성은 구시가에 있는 고딕식 왕의 궁전에서 살았던 1380년부터 1483년까지를 제외하고는 체코 왕들과 왕자들이 거주하던 곳이었다. 블라디슬라브 2세 야겔론스끼^{Jagellonský}(1516)가 1483년 첫 번째로 자신의 궁을 프라하 성으로 옮겨 온다.

보지보이 왕자^{Bořivoj}(894)가 레비 흐라데츠에서 오빠슈스끼 절벽으로 옮긴 후, 거기에서 처음으로 성을 목재로 건설한다. 또한 첫 번째 성모 마리아 교회 역시 그가 목재로 짓는다. 10세기경에 왕자 브라디슬라브 1세(920)가 처음으로 돌로 된 성을 지었고, 로마네스크 양식의 성 이지 교회도 세웠다(체코 최초의 수녀원이 973년 이곳에 세워졌다). 브라디슬라브의 아들과 후계자 바츨라프(935)가 성 비트의 로마네스크식 로툰다를 건축하였고, 14세기에 성 비트 교회당을 건축하기 시작했던 까렐 4세가 고딕 양식으로 이 성을 다시 세웠다.

　르네상스 시기에 마띠아쉬 1세(1619)와 페르디난드 1세(1564)가 그랬던 것처럼, 블라디슬라브 2세가 성을 고딕식으로 완전히 수리하였다. 이후 마리아 테레자(1780) 통치 시기였던 18세기 후반에야 비로소 성이 오늘날과 같은 모습을 갖추게 되었다.

　스페인 홀^{Španělský sál}(슈빠넬스끼 살) 밑에 있는 성문을 통과하면서 아트 갤러리를 지나면, 성의 두 번째 마당에 이르게 되고, 왼쪽에 있는 통로를 지나면 성 비트 대성당^{Katedrál sv. Víta}이 있는 세 번째 마당으로 갈 수 있다.

프라하 성

체코종교개혁의 발자취만 따라가 보려 한다면, 종교개혁사와 관련이 그리 많지 않은 프라하 성의 방문은 오랜 시간이 걸리지 않을 것이다. 로마가톨릭교회는 항상 이 교회당을 자신의 영역으로 삼으며 세상 권력에 영향력을 행사하였다. 후스전

프라하 성 피까시 문 입구

쟁 중에 가톨릭교회의 최고 조직인 '가톨릭 종교의회'가 여기에서 열렸고, 이종성찬주의자들의 '개혁파 종교의회'가 구시가 띤 교회에서 열렸다. 그래서 가톨릭으로부터 '이교도'로 정죄받은 후스파 왕 뽀데브라디의 이지가 성 비트 성당 납골당에 체코 다른 왕들과 함께 매장된 것은 매우 이례적인 일이고, 체코 왕위에 오른 유일한 개혁교도였던 프리드리흐 팔츠끼가 1619년 여기에서 대관식을 가진 것 역시 이례적인 일이었다.

> **프라하 성에 가장 오래된 곳**
>
> 성 비트 교회 입구에서 오른쪽으로 돌아, 제1차 세계대전의 희생자들을 추모하기 위해 세운 화강암 오벨리스크를 향해 바로크식 소 수도원의 옆길을 따라가 본다. 17미터 높이의 이 오벨리스크에서, 용을 죽이고 있는 성 이지의 고딕식 기마동상을 향해 왼쪽으로 가 본다. 이 성에서 가장 오래된 부분이 이 세 번째 마당 안에 있다. 성의 초기 건물들과 묘지의 유적이 도로 밑에 매장되어 있고, 오래된 석조 건물의 잔해와 성 바르톨로메이 채플 Kaple sv. Batolomeje의 잔해도 교회당 남쪽에 보존되어 있다. 또한 체코와 베니스 예술가들의 1371년 작품인 화려한 모자이크가 교회당 남쪽에 있는 중앙 첨탑 오른쪽 입구에 남아 있다.

성 비트 대성당

세 번째 마당에서는 동편에 있는 구 왕의 궁 Starý královský palác이 특별히 우리의 관심을 끈다. 원래의 궁전은 까렐 4세와 바츨라프 4세 때부터 있었지만, 블라디슬라브 야겔론스끼 통치 기간 중에 재건축되었다. 이때 왕의 저택에 있던 원래의 3개의 큰 홀 대신 유명한 블라디슬라브 홀이 세워졌다. 그리고 쏘비예슬라브 1세(1140) 시기부터 있었던 로마네스크 부분과 고딕식 성의 잔해는 도로 밑에 숨겨져 있다. 또한 루드빅 야겔론스끼 통치 기간 중에는 '루드빅의 날개' Ludíkovo křídlo (루드비꼬보 크지들로)가 왕의 궁전 남서쪽에 덧붙여 세워졌다. 합스부르크 가문이 왕위를 계승하게 된 후에 '루드빅의 날개'가 황제의 부섭정을 위한 장소로 주어지고 궁중회의도 이곳에서 열렸다.

1609년 7월 12일, 이 홀에서 루돌프 2세(1611)가 개혁교도 시민들에 의해 강제로 황제헌장에 서명하였다. 이 문서는 1575년 5월에 '체코신앙고백'

루드빅의 날개

블라디슬라브 홀 바깥 쪽 테라스의 모습

으로 신앙고백을 한 체코 왕국의 모든 귀족들과 농노들에게 충분한 종교의 자유를 보장하는 것이었다.

반대로 황제헌장 공표 후 12년 뒤인 1621년 6월 19일에는, 빌라 호라^{Bílá} ^{hora}(백산) 전투에서의 패배로 27명의 시민 반란 지도자들이 이곳에서 사형판결을 받게 되고, 당시 왕의 가톨릭 부섭정 3명(마르띠니츠의 야로슬라브 보지따, 흘룸의 빌렘 슬라바따, 그리고 필립 파브리시우스)에 대한 창문투척사건이 1618년 5월 23일, 이 궁정의 뒷날개 '체코 사무실'에서 일어났다. 이 사건들은 시민들에 의한 반합스부르크 봉기의 시작이 되었다.

> **블라디슬라브 홀**
>
> 루드빅의 날개 동쪽 창문 밖으로, 블라디슬라브 홀 남쪽에 있는 테라스의 모습이 보인다. 이 자리에서 보면 창문에서 테라스 가까운 쓰레기장(지금은 깨끗이 수리되었지만)으로 던져진 관료들이 아무 데도 다친 곳 없이 그 위험했던 상황에서 어떻게 탈출했는지 이해가 된다. 홀을 걷다 보면 이곳이 전체 성 중에 가장 넓은 장소라는 것을 알 수 있다(길이 62미터, 너비 16미터, 높이 13미터). 그 크기 때문에 커다란 미술품 박람회라든지, 기사들의 마상 창 시합뿐 아니라 대관식 연회나 시민집회 등이 이곳에서 열릴 수 있었다. 오늘날에도 가장 중요한 국가 행사와 대통령 선거가 이곳에서 열린다.

옛 의회

'옛 의회' Stará sněmovna(스따레 스녜모브니)의 건물은 블라디슬라브 홀 북쪽 근처에 있다. 체코 시민집회와 최고 법정이 이곳에서 열렸으며, 개혁교도 시민들이 1575년 5월 이곳에서 '체코신앙고백'에 서명하였고, 1618년 초 종교지도자이며 믿음의 옹호자들 30명으로 이루어진 시민혁명정부도 여기에서 모임을 가졌다. 또한 이곳은 1619년 8월 26일 프리드리히 팔츠끼가 체코 왕으로 선출된 곳인데, 얼마 후 그는 성 비트 대성당에서 왕관을 받았다.

왕의 궁전을 둘러본 후에 블라디슬라브 홀 북쪽 코너에 있는 넓은 복도를 지나 '기수들의 계단'(마상 창시합이 있던 시기부터 있었던)으로, 또 성 이지 광장으로 간다. 거기에는 르네상스식의 '성 이지 수녀원'이 있고 그 반대편 코너에는 프라하에서 가장 잘 보존된 로마네스크 양식의 '성 이지 바실리카'가 있다.

> **백탑 안의 궁중감옥**
>
> 성을 떠나기 전에 체코종교개혁 시기에 있었던 사건들을 회상해 보자. 궁중감옥이 성 동편 백탑[Bílá věž](빌라 비예슈) 안에 있었는데, 많은 첫 후스교도들이 지그문트 왕에게 잡혀 죄수로서 이 감옥을 거쳐 갔고, 특히 1547년 수많은 형제단도 여기에 잡혀 있었다. 그중에 얀 아우구스타 추기경과 그의 서기 야쿱 빌렉도 이곳에 잡혀 있다가 크지보끌랏 성으로 옮겨가 16년 동안 갇혀 있었다. 빌라 호라 전투 후에 잡힌 체코의 귀족 지도자들도 1621년 구시가 광장에서 처형되기 전까지 이곳에 갇혀 있었다.

세 번째 마당에서 성 비트 대성당으로 돌아가 두 번째 마당으로 간다. 여기에서 다시 첫 번째 마당으로 가기 위해 마당을 가로질러 초기 바로크식 '마띠아쉬의 문'을 지나 성을 나가면 흐라드찬스께 광장에 이른다. 2000년 봄에 세워진 T. G. 마사릭[Masaryk] 대통령 동상이 여기에 서 있다. 초대 대통령이었던 마사릭은 1880년에 개신교 체코형제복음교단 교회의 등록교인이 되었다.

3.
흐라드차니 지역의 성에서부터
빌라 호라까지

프라하 성을 출발하여 빌라 호라(백산)로 여행하려면, 뽀호젤레츠^{Pohorelec} 거리 전차 정류장을 출발하여 흐라드차니 지역을 지나 서쪽으로 가야 한다. 이제 전차 정류장으로 향해 가보자. 왼쪽으로 블타바 강 계곡이 내려다보이는 테라스를 지나, 흐라드챤스께 광장을 통과하자. 광장 왼쪽에는 살모브스끼 궁전^{Salmovský palác}을, 그 옆에는 베니스 르네상스식으로 벽을 긁어 그림을 그려 넣은(graffiti) 슈바르젠베르그 궁^{Schwarzenberský palác}을 볼 수 있다. 광장 오른쪽에는 1561년 대주교 관구가 복구된 후 르네상스식으로 다시 지은 대주교 궁^{Arcibiskupský palác}(아르찌비스꿉스끼 빨라쯔)이 있다.

이 대주교의 성의 이전 소유자들이 개혁교도 편에 서 있었다는 사실을 기억해 둘 필요가 있다. 현재 성의 로코코 형태를 디자인한 건축가 비르흐^{J. J. Wirch}가 1756년에 성을 부분적으로 변경한 후에 개혁교도로 개종하였는데, 1781년 관용의 칙령이 발표된 후 그는 프라하에서 아우구스부르크(독일 루터교) 신앙고백을 하는 개혁교회의 훌륭한 교인이 되었다. 국립미술관의 전시실이 자리하고 있는 슈테른베르그 궁^{Šternberský palác}이 대주교 궁 서쪽에 이웃하고 있다.

대주교 궁

로레타 성당

이제 흐라드챤스께 광장을 건너 로레딴스까^{Loretánská} 거리를 향해 서쪽으로 간다. 로레딴스까 거리에 이르기 직전, 왼쪽으로 까르멜 수도원의 성 베네딕트 교회 첨탑이 보인다. 흐라드차니 지역의 오리지널 고딕 양식의 교회들이 지금은 화재 때문에 바로크 양식으로 재건축되어 있다.

로레딴스까 거리를 따라 걷다 보면, 오른쪽에서는 토스깐스끼 궁^{Toskánský} ^{palác}, 왼쪽에서는 구 흐라드챤스까 시청사를 볼 수 있다. 100미터 정도 더 걸어 가면 오른쪽으로 성 바르보르의 작은 묘소를 지나게 되는데, 그 묘소를 지나면 바로 로레딴스께 광장$^{Loretánské\ nám}$에 이른다.

오른편에 재가톨릭화 초기에 세워지고 순례지로 유명한 로레타 성당의 모습이 보인다(이 안에 로마 로레토 예배당의 원작을 복제한 Santa Casa〈거룩한 오두막〉가 있다. 바로크식 날개(퇴간)와 성탄교회가 1626년에서 1631년 사이에 오리지널 건물 동쪽에 덧붙여 세워졌다. 로레타 입구 위 탑에는 27개의 종이 달린 유명한 편종이 있는데, 시간마다 성모 마리아의 노래를 연주한다.

길 건너편에 당당히 자리하고 있는 초기 바로크 양식의 체르닌스끼 궁$^{Černínský\ Palác}$은 17세기 말에 세워진 것으로 건물 정면의 높이가 무려 150미터에 달한다. 이곳에는 오래 전부터 외무성이 자리하고 있는데, 1948년 공산주의가 무너진 후에 일어난 마사릭 대통령의 아들인 얀 마사릭 장관의 의문사를 떠올리게 하는 건물이다. 로레딴스께 광장과 로레딴스까 거리로 돌아와 뽀호젤레츠^{Pohořelec} 거리를 걸어올라가서 전차 정류장에서 22번을 타고 빌라 호라로 향하자.

전차가 출발하자마자 첫 번째 커브에서 왼쪽 언덕을 보면, 성 로흐 교회$^{Kostel\ sv.\ Rocha}$ 마당으로 들어가는 바로크식 문을 볼 수 있는데, 그 교회는 스트라호프의 교구 교회였으며, 그 뒤에 스트라호프 수도원$^{Strahovský\ premonskrátský}$ ^{kláster}이 있다.

> **스트라호프 수도원**
>
> 12세기에 지어진 수도원의 오리지널 로마네스크 건물은 후스전쟁 중에 심하게 손상되었고, 17세기에 바로크 양식으로 새롭게 수리되었다. 1782년에서 1797년에 걸쳐 고전양식으로 지어진 스트라호프 도서관이 특히 유명하다. 성모 마리아 교회가 수도원 앞에 있는데, 이 교회는 1750년에 완전히 바로크 양식으로 바뀌었고, 이로 인해 특색 있는 건물 정면과 두 개의 첨탑을 얻게 되었다.

5~6분 더 가면, 오른쪽에 베네딕트 수도원을 보게 된다.$^{Sv.\ Markéty\ na\ Brevnově}$ (성 마르께띠 나 브제브노비예). 오늘날 볼 수 있는 웅장한 바로크식의 수녀원 건물은 보이피예흐 추기경과 볼레슬라브 왕자가 993년에 건설했던 로마네스크 수도원 부지 위에 다시 세운 것이다. 인상적인 성 마르께따 교회당의 디엔젠호프 탑이 재가톨릭화 시기인 18세기 초부터 수도원 중앙에 솟아 있다. 수도원 주변에 프라하에서 바바리아^{Babaria}까지의 오래된 장사길이 있었다.

5~10분 동안 더 가면 전차의 마지막 정류장인 빌라 호라(백산)에 도착한다.

4. 운명적 투쟁의 무대 빌라 호라(백산)

전차의 종점인 빌라 호라 전차 정류장 서쪽으로, 순례지인 승리의 성모 마리아 교회의 바로크식 둥근 지붕을 볼 수 있다. 이 교회는 프라하에서 같은 이름을 갖고 있는 두 번째 교회인데, 다른 하나는 소지구에 있다.

승리의 성모 마리아 교회는 황제 페르디난드 2세가 빌라 호라 전투 승리에 대한 감사의 표시로 전쟁터에서 죽은 군인을 위한 납골당과 함께 오래된 예배당 위에 지은 것이다. 오늘날의 형태는 18세기 재건축 이후에 생긴 것이며 순례지인 십자로도 그때 생긴 것이다.

빌라 호라(백산)

교회를 둘러싸고 있는 북쪽 벽을 둘러보고 서쪽 방향으로 난 즈베첸스까Zbenčenská 거리로 간다. 벽 끝의 사거리에서 제쁘스까Řepská 거리를 만나면 오른쪽으로 돌아, 짧은 길 끝에서 나드비슈노브스까Nad Višňovskou 거리로 들어가면 이곳을 방문하는 사람을 놀라게 하는 빌라 호라의 넓은 평지와 기념 언덕을 볼 수 있다(이곳이 빌라 호라의 가장 높은 곳이지만 고도는 겨우 318미터이다).

빌라 호라 전투 300주년 기념비

나드 비슈노브스까 거리를 100미터 정도 걸어 내려와 왼쪽으로 끄 모힐레K Mohyle 거리와 만나는 삼거리 바로 옆에, 길이가 100미터도 안 되는 포장도로에 도착한다. 이 길은 기념 언덕의 평지를 건너가게 되어 있다. 프라하 체육회에서 1920년 빌라 호라 전투 300주년을 기념하며 언덕 꼭대기에 기념비를 만들었다.

언덕 위에 서면 빌라 호라 평지의 남쪽과 동쪽 전망은 단독주택과 빌라들로 덮여 있는 것을 볼 수 있을 것이다. 그러나 서쪽 전망은 시원하게 초원으로 열려 있다. 북쪽으로 별(흐비예즈다)이라고 부르는 삼림보호구역이 보이고, 같은 이름을 가진 별 모양의 여름 별장이 서쪽 경계선 너머로 보인다. 빌라 호라 언덕에서 그 당시의 전쟁을 떠올려 보니 종교개혁 시기뿐 아니라 그 후 거의 160년 동안 체코 역사 발전에 부정적인 영향을 끼쳤다는 사실이 새삼 가슴 아프게 다가온다.

> ## 빌라 호라 전쟁
>
> 기록에 의하면 전쟁은 낮 12시경부터 두 시간도 지나지 않은 짧은 시간 동안 벌어졌다고 한다. 몇몇 시민군 사단과 용병들이 전쟁에 참여하였다. 아침부터 고용된 용병들이 바바리아 왕자 막시밀리안이 이끄는 가톨릭 연맹 사단과 합스부르크 군대가 프라하로 전진하는 것을 막아보려고 노력하였다. 하지만 전쟁 초부터 빈약한 봉급으로 사기가 꺾인 시민군의 용병과 훈련이 안 된 지휘관 모두 휘청거리기 시작하였다. 더구나 귀족 자신들마저 스미지츠끼 같은 의지를 보여 주지 못했음은 물론 전쟁 전부터 오랫동안 재정적 헌신을 하려는 의지도 보여 주지 못했다. 그래서 Buguoy 장군의 지휘하에 잘 조직된 황제의 군대는 시민군을 이 높은 평원으로 밀어붙였다. 시민군이 퇴각했을 때는 이미 모라바 보병연대(대부분 인드지흐 슐릭 백작에게 고용된 독일인들)만이 전쟁터에 남아 있었다. 하지만 이 군인들도 점점 별*(흐비예즈다) 보호림의 벽 근처 협곡으로 밀려나게 되었고, 거기서 결국 헛된 싸움 끝에 항복하게 된다.

"체코 사자와 성찬잔의 마지막 옹호자로서 자신들의 삶을 이곳에 묻은" 애국적 영웅들의 전설은 역사적 사실과 맞지 않는다. 후스전쟁 시기에는 폭넓은 계층의 민족이 성찬잔을 지키기 위해 쉽게 일어섰지만 이와는 현저히 다르게 당시 개혁교도 지도자들은 주로 전쟁참여 동기도 없었고 저렴한 보수의 가난한 용병들을 모집하여 전쟁을 수행하였다. 그래서 빌라 호라 전투는 불명예스러운 패배로 끝났고, 후에 증명된 것처럼 일어날 필요도 없었던 전투였다.

시민들이 왕으로 뽑았던 프리드리히 팔츠끼는 패배라는 비극적 평판을 덮어쓰게 되었다. 전선으로부터 불행한 소식을 받은 후에, 왕과 왕비는 곧 성을 떠났고, 그 다음날 서쪽 독일어권으로 달아났다. 그 후 그에게는 '겨울왕' 이라는 별명이 붙었는데 그의 통치 기간이 겨울 한철뿐이었기 때문이다. 틀림없이 그들은 빌라 호라에서의 전투 결과에 크게 기대하지 않았을 것이다. 비록 그가 영국 왕 제임스 1세, 네덜란드 왕자 오렌지 윌리엄과 동맹을 맺었고 그때까지 유럽개혁교도연합회의 수장이었다 해도, 유럽 동맹국들로부터 실질적인 도움을 기대할 수는 없었다.

승리한 합스부르크 군대는, 불충분한 봉급에 대한 보상을 얻기 위해 프라하를 침공했다. 페르디난드 황제는 그의 행정관이자 부섭정이었던 까렐즈 리흐텐슈테인에게 정복된 도시 프라하의 통제권을 주었다. 리흐텐슈테인은 개혁교도 봉기에 열성적으로 참여한 사람들을 시민계급 안에서 찾기 시작하여, 마침내 58명의 개혁교도 관리들을 고발했고, 그 자리를 가톨릭 의원들로 임명하였다. 17명의 시민들에게 사형이 선고되었으나, 그들 중 8명은 외국으로 도망갔다.

빌라 호라에서 일어난 일련의 비극적인 사건은 역사가인 프란티쉑 빨라츠끼에게 깊은 영향을 주었고, 그래서 그는 절대로 빌라 호라에 발을 들여놓지 않겠다는 결심은 잘 알려진 사실이다.

기념언덕에서 동쪽 제쁘스까^{Řepská} 거리로 가는 보도로 들어서자. 제쁘스까 거리에서 왼쪽으로 가다가 오른쪽에 만나는 거리를 지난다. 그 거리에는 '체코 추방자의 길'$^{Alej\ ceskych\ exulantu}$이라는 이름이 붙어 있는데, 이는 많은 개혁교도들이 이곳에서 그들의 믿음 때문에 추방되어 프라하와 고향을 떠날 수밖에 없었던 사실을 떠오르게 한다.

제쁘스까 거리 끝에서 오른쪽으로 돌아(북쪽방향) 왼쪽 뽀드 모힐로우$^{Pod\ Mohylou}$ 거리 끝에 있는 흐라슈딴스까^{Chrášťanská} 거리를 향해 내려간다. 왼쪽으로 흐라슈딴스까 그리고 오른쪽으로 두흐쪼브스까^{Duchocovská} 거리를 만나는 사거리에서 그대로 직진하여 오른쪽으로 경사진 면에 세워진 거리인 우 스비예뜰리쯔끼$^{U\ Světličky}$ 거리까지 진행한다. 여기서 우리 밑으로, 흐비예즈다 여름 궁전 근처 보호림으로 둘러싸고 있는 넓은 목초지를 볼 수 있다. 이곳은 빌라 호라 전투가 비극적으로 종결된 장소이다. 하지만 1781년 10월 13일 황제 요세프 2세가 관용의 칙령을 발표한 후, 이곳 왼편에 독립된 개혁교도 묘지를 세운 것은 놀라운 역사적 사실이다.

몇몇 개혁교도들에게 이곳에 매장될 자격을 주었지만 그들은 가톨릭 묘에는 매장이 허락되지 않았었다. 재가톨릭화 시기 끝 무렵에 이것은 긴 밤의 어두움 후의 새 아침의 여명과 같은 신호였다. 비록 그곳이 프라하 시내에서 멀리 떨어져 있고 체코 개혁교도들이 패배한 장소이기는 하지만, 체코 종교개혁의 유산이 민족의식 속에서 완전히 사라진 것이 아니라는 괄목할 만한 증거를 제공해 주고 있는 것이다.

촛불을 켜는 습관은 흔히 무덤 옆에서의 회상과 관련이 있다. 그래서 여기 '작은 빛' Světlička(스비예뜰리츠까)이라 불리는 빌라 호라 가까운 곳에서, 이 이름에 걸맞은 초기 전통을 기억해 본다. 19세기 후반부터 20세기까지, 지역주민들이 빌라 호라에서 죽은 전사들을 기억하면서 기념일 전날 촛불과 손전등을 켜고 여기 모였다.

여기서 상황에 따라 다음 행선지를 결정해야만 한다.

빨리 돌아가야겠다면, 뽀드 모힐로우 거리 코너로 돌아와 비엘로츠까 Bělocká 거리 남쪽으로 가서 체코 추방자의 길을 건너 22번 전차 종점까지 간다. 여행을 계속할 수 있다면, 보호림을 통해 여름별장 흐비예즈다까지 다른 길을 택할 수 있다.

5.
빌라 호라
여름별장 '별'

언덕이 내려다보이는 우 스비예뜰리츠끼^{U Světličky} 거리에서 아래로 내려가 보호림으로 둘러싸고 있는 벽까지 목초지를 건너간다. 50미터 정도 동쪽 방향으로 가다가 좁은 통로로 걸어 들어가 보자.

여름별장 별

여름별장은 여기서 150미터도 안 되는 곳에 있다. 그렇지만 보호림으로 둘러싸고 있는 높은 벽을 넘어야 하기 때문에, 언덕 위로 둘러 올라가는 길을 택할 수밖에 없다. 보호림으로 둘러싸고 있는 벽 안으로 약 100미터쯤 가는 것부터 시작한다. 보호림 주위를 따라가는 윗길의 좁은 산책로에 이르면, 숲으로 들어가서 왼쪽으로 향한다. 약 150미터쯤 걸어가면 우리의 시선을 사로잡는 육각형 모양의 여름별장 남쪽에 도달한다. 우리가 선택한 이 길은 비교적 똑바로 여름별장으로 향해 올라가는 산책로이다. 이 길에서 왼쪽으로 돌아 '별' 앞으로 간다.

여름별장 흐비예즈다는 황제 페르디난드 1세(1564)의 아들 페르디난드 티롤스끼 대공이 1557년과 1567년 사이에 지은 것이다. 그 당시 이 보호림은 그의 소유였다. 그는 이 새 건물에서 또 다른 취미생활로 삶에 우아함을 더해 보려고 하였다. 하지만 1619년 10월 31일, 프라하로 입성하려는 그의 계획이 이루어지기도 전에, 시민들은 새로 뽑은 체코 왕 프리드리히 팔츠끼를 여기서 열렬히 환영하였다.

조심스럽게 다루어야만 하는 여름별장 내부의 치장벽토 장식품들은 이탈리아 르네상스 양식을 따라 만들어진 것이다. 오늘날 건물의 일부가 알로이스 이라섹과 미꿀라쉬 알레쉬라는 두 예술가의 박물관으로 사용되고 있는데, 그들의 작품 속에서도 체코종교개혁에 관한 특별한 관심이 엿보인다. 1797년부터 대부분의 보호림이 산책로, 운동장 같은 열린 공간으로 용도가 바뀌고 있다.

여름별장 앞 공원 운동장에서 흐비예즈다 중앙 입구로 직접 연결된 넓은 중앙로를 따라 돌아온다. 입구를 통과하면 22번 전차를 탈 수 있는 정류장 근처로 바로 갈 수 있고, 아니면 왼쪽(북동쪽)으로 나 있는 대각선 길로 갈 수도 있다. 그 길로 500미터 가량 걸어가면, 오른쪽으로 '모반하는 후스파 장군 얀 로하츠의 석상'이 있다. 그는 립빤 전투 후 시온성에서 지그문트 황제군에 대항했던 항쟁과 부하들 속에 섞여 교수대 위에서 애석한 죽음을 당한 것으로 유명하다.

이제 동상을 지나 있는 보호림의 출구로 나와 오른쪽 리보츠까 거리로, 거기서 다시(북쪽방향으로) 우 흐비예즈다 거리에 있는 헤이로브스께 광장 18번 전차 정류장까지 간다. 이 전차는 시내 중심가까지 가는데, 나로드니 트지다 정류장에서 내려서, TESCO 마이 백화점 근처 무스텍 지하철 역으로 돌아가, 두번째 구역에서 했던 것처럼 나로드니 트지다 거리를 통과한다.

로하츠 장군 동상

6.
재가톨릭화에 대한 회상

　이렇게 우리의 여행은 끝이 났지만, 빌라 호라 전투에서 개혁교도들의 실패로 인해 체코종교개혁이 끝났다고 결론짓거나 그 역사적 의미를 무시해서는 안 될 것이다. 유럽 종교개혁의 위대한 정신이며 개혁의 원리인 "개혁교회는 항상 개혁되어야 한다."(sempre reformanda)라는 모토를 함부로 쓰지 않았다. 그리스도의 교회는 성령의 능력을 통해 하나님의 말씀으로 지속적으로 개혁되어야 한다.

　빌라 호라의 전투와 함께, 체코종교개혁의 첫 번째 역사적 단계는 종교와 민족의 자유를 잃음으로 끝났다고 말할 수 있을지 모르겠다. 그러나 그 후 160년의 어려운 재가톨릭화의 시기가 계속되었지만 그 정신적 유산은 결코 사라지지 않았다. 빌라 호라에서 돌아오는 길에 그 이후 세대들의 운명이 어떻게 되었는지 잠시 생각해 보았다. 그들은 극심하게 어려운 시기를 겪으며 체코종교개혁의 유산을 이어받았고, 다음세대에게 가치 있는 정신적 유산을 전해 주었다.

　가톨릭 신자인 합스부르크 페르디난드 2세(1637)는 빌라 호라에서의 승리로 체코 땅에 완전한 종교의 자유를 보장했던 '루돌프 헌장' 서류를 없애버렸다. 이로써 그는 체코종교개혁은 끝났다고 믿었다. 그래서 페르디난드는 1627년 5월 10일 반동적인 "체코 영토의 원상회복법령"을 선포함으로써 루돌프 황제 칙령을 사실상 법적으로 폐기시켰다. 이 법령은 높은 지위에 있는 로마가톨릭 성직자에게, 체코 종교회의에서 다른 어떤 지위보다 앞선 최고의 자리를 주었고, 더구나 이 땅에서 하나의 신앙만을 허락함으로써 로마가톨릭이 자리잡도록 하였다.

그 누구도 이 땅을 떠나도록 강요한 가톨릭 신앙으로 개종하지 않았지만, 이러한 저항도 자신의 자리를 떠날 수 없었던 농노들에게는 불가능한 일이었다. 이들은 예수회의 교육과 힘으로 가톨릭 신앙을 받아들이도록 강요받았다. 후스파의 성찬잔에 대한 이전의 모든 기억은 의식 속에서 지워버려야 했다. 괴팍한 합스부르크 통치자는 "체코 사람들이 이교도로 여기에 남아 있기보다는 추방당하는 것이 낫다."라며 그의 재가톨릭화의 모토를 추진시키기 위한 가능한 모든 노력을 다하였다.

재가톨릭화 초기 단계에서 대략 30,000명의 개혁교도 가족들이(그중 600명은 프라하 구시가 출신인) 외국으로 추방당했다. 빌라 호라 전투 후, 추방된 가족들의 재산은 대부분 압수되었다. 이 정책으로 황제의 충성스런 지지자들과 외국인 가톨릭 신자들이 큰 이익을 보았다. 반면에 추방당한 개혁교도들은 신앙의 자유가 보장된 유럽 신교 국가로 갈 수 있었지만 많은 도전과 어려움을 겪어야 했다.

체코 루터교도들과 신 이종성찬주의자들은 이웃 프러시아와 색슨 구역에 있는 믿음의 동료들에게로 가서 자리를 잡았고, 칼빈파 교도들은 팔츠^{Pfalz}(라인강 서부 신성로마제국의 선제후령), 네덜란드, 영국, 폴란드, 슬로바키아, 트랜실바니아에 정착한 형제단원들에게로 갔다. 30년전쟁 중에 귀족들과 시민들, 그리고 도망간 농노들은 반합스부르크 군대(특히 독일, 덴마크, 스웨덴에 있는)와 연합하여 합스부르크령으로부터 본국의 자유를 찾기 위해 싸웠다.

  이미 우리가 알고 있듯이 1631년과 1632년에 걸쳐 색슨족이 체코 지역을 침략하고, 1648년에 스웨덴 군이 프라하를 포위 공격했을 때, 잠시 몇몇 추방자들이 프라하로 돌아오려고 시도하였다. 그러나 1648년 10월 24일 베스트팔렌Westfalen 조약(30년 전쟁을 종료한 조약)이 체결됨으로써, 고국으로 돌아오려는 추방자들의 희망이 무너져 버렸다. 강압적인 개혁교도들의 추방은 예술가들, 음악가들, 그리고 교육받은 계층들을 대거 출국시킴으로 체코 땅에 커다란 문화적 손실을 가져왔다. 그렇지만 체코종교개혁사를 체코 민족의 역사로 이해했던 추방된 역사가들의 실질적인 노력은 오늘날 우리에게 역사적 사실을 알려주는 중요한 일이 되었다. 그중 몇몇 인물을 소개하자면, 빠벨 스깔까Pavel Skálka ze Zhoře(1640)는 개혁교도 정부의 멤버였는데, 프레이베르그라는 색슨지역으로 이주하여 거기서 '교회 연대기'를 썼다. 결국 그는 10권 분량의 방대한 「예수탄생부터 1623년까지 교회역사」를 출판하였다. 후에 폴란드 또룬에서 개혁교회 고등학교 교사였던 빠벨 스뜨란스끼Pavel Stránský ze Zap(1657)가 그의 글들을 모두 모아, 1634년에 *Republica Bojema*(「체코 국가에 관하여」)라는 라틴어 책을 출판하였는데, 빌라 호라 전투 전까지의 역사를 20개의 장으로 나누어 포괄적인 설명을 하고 있다. 이 책은 네 차례나 출판되었는데, 마지막에 출판된 것은 1648년 베스트팔렌 평화조약을 준비하고 있던 사람들에게 보내졌다.

  가장 유명한 체코의 추방자는 체코형제단의 마지막 주교였던 얀 아모스 꼬멘스끼B. Jan Amos Komenský(1592-1670)였다. 라틴어 이름으로 꼬메니우스Comenius라는 이 핵심 인물은 그의 인생의 반 이상을 여러 유럽 나라에서 나그네로 살았다. 그의 많은 글들과 젊은이들을 훈육하려는 끊임없는 노력을 통해, 꼬멘스끼는 유럽사회에 정신적 깊이를 더해 주고, 교육시스템을 새롭게 하기 위해 노력하였다. 그는 폴란드(1628-1641), 영국(1641-

1642), 스웨덴(1642-1648), 헝가리(1650-1654)에서 일했고, 폴란드 레슈노에서는 화재로 많은 작품을 잃기도 하였다. 나머지 인생은 암스테르담(1656-1670)에서 보냈다.

그는 모라바 사람이지만 대부분 프라하에서 활동하였다. 국립박물관에 그의 조각이 있고, 빌렉의 빌라 앞에 있는 조각군에도 그가 있기는 하지만, 프라하에서 그를 기억하여 만들어진 공공기념물은 아직까지 없다. 그러나 유럽 기독교국가들의 연합을 꿈꾸었던 그는, 프라하를 '유럽과 체코의 심장'으로 보고, 이후 개명한 연합정부에서 체코를 특별한 위치를 가진 존재로 생각하였다.

여러 개혁교회 국가들은 꼬멘스끼의 손자들에게도 영원한 고향이 되었다. 그중 가장 유명한 피굴루스-야블론스끼$^{\text{D. A. Figulus-Jablonsky}}$는 베를린에서 개혁교회 설교자가 되었고, 추방된 형제단의 주교이기도 하였다. 그는 한편 폴란드와 헝가리에 흩어진 체코 개혁교도들을 위해 일하였고, M. L. 진젠도르프$^{\text{M. L. Zinzendorf}}$ 백작에게 의탁한 모라바 형제들을 돌보기도 했다. 이 교회 지도자들은 1722년 새로운 형제단을 세우는 데 도움을 주기도 하였다.

7.
관용의 시기와
완전한 종교의 자유

　그러나 체코종교개혁의 정신적 유산이 고향 땅에서 완전히 지워진 것은 아니었다. 개혁교도들의 비밀을 찾아내라는 반복적인 명령, 그리고 집집마다 수색을 하여 성경이나 종교개혁 서적을 찾아내던 일들이 바로 그 증거라 할 수 있다. 개혁교도 그룹들은 성찬잔을 사용하여 성만찬을 받고 프라하 여러 장소에서 예배드리기 위해 '땅 밑의 고요함' 처럼 은밀히 모여들었다. 후에 체코 땅에 남아 있던 개혁교도들은 색슨과 루사티아 지역에서 경계를 넘어 찾아온 설교가들과 종교문학자들의 방문으로 용기를 얻었다.

　18세기 초쯤에, 인구의 2/3 정도가 로마가톨릭교회로 개종하였고, 나머지 1/3은 종교를 버렸으며, 가끔 개혁교도들이 모여 종교의 자유를 요구하는 탄원을 하기도 했다. 그러나 관료들의 억압에 대항했던 지방민들의 민중봉기를 눌러버리듯이 가혹한 방법으로 이에 응답하였다. 프러시아 왕이 슬레스꼬와 폴란드에 있는 새 영토를 체코 개혁교도들에게 특별히 열어주었을 때, 국경을 넘어갔던 도주의 행렬은 대규모 이민사태로 이어졌다.

　합스부르크 통치자들이 좀 더 현명한 정부정책을 받아들이고 나서야, 계몽 시기는 근본적인 변화를 가져왔다. 특히 황제 요세프 2세(+1790)는 '관용의 칙령'을 포함하여 진보적인 법령을 추구하였다. 이 칙령은 최고 로마가톨릭교회의 감시하에도 불구하고 비가톨릭교도들에게 신앙과 집회의 자유를 보장해 주었다.

그러나 칙령이 자유를 승인했다 해도, 체코 개혁교도들에게 '그들 조상들의 믿음'을 '체코신앙고백'에 따라 신앙고백할 수 있도록 허락된 것은 아니었다. 프라하 '관용의 교회'는 비어 있는 베들레헴 예배당의 사용을 허락받으려고 노력하였으나 할 수 없었다. 다만 브 이르하지흐 거리에 있는 성 미할 교회만 독일 루터교회에게 허락되었다. 이것은 관용의 시기 동안에도 체코 땅에서 차세대 설교가들을 길러내는 일이 불가능했음을 보여주는 것이다. '관용의 칙령'이 공표된 지 40년이 지난 1821년이 되어서야 비엔나에 독일어 개혁 신학부가 생겼다. 하지만 그때까지도 비엔나 종교법정은 오스트리아 제국 내 모든 개혁 교회를 관리하였으며 독일어만 사용하도록 하였다.

1848년 혁명 이후, 체코 개혁교도들이 공공장소에서 자신들의 권리를 주장하기 시작했던 일도 생략할 수 없다. 그 당시 과학자들과 예술가들 사이에서뿐 아니라, 체코문화부흥을 위탁받은 사람들 사이에서도 체코종교개혁에 대한 관심이 증가하였다. 역사가로서, 또한 정치가로서 프란티쉑 빨라츠끼는 매우 중요한 사람이다. 그는 재가톨릭화 시기에도 보존되어 왔던, 체코종교개혁 시기의 서류들을 보존하기 위한 특별한 부서를 프라하 국립박물관 안에 만들었다.

관용의 칙령이 공표된 지 80년이 지난 후에, 합스부르크 제국 내에 사회적 정치적 상황이 무르익자 프란쯔 요세프 1세(+1916)는 개혁교도들에게 로마가톨릭교도들과 똑같은 평등을 보장한 '프로테스탄트 칙령'을 1861년 4월 8일에 발표하기에 이른다. 그리하여 관용의 교회는 가톨릭의 속박으로부터 합법적으로 벗어날 수 있었다. 체코 관용의 교회와 새로 설립된 교단들은 외국에 있는 자매교회들과의 접촉이 가능해졌고, 신학생들이 여러 외국대학에서 공부할 수 있는 길이 열렸다. 프라하 개혁교회는 지방으로부터 신도들의 유입과 '자유의 교회' 전도에 의해 더욱 힘이 강해졌다. 마침내 개혁교회는 자신들의 교단법에 따라 신앙고백을 할 수 있게 되었다. 비록 최고 행정부가 비엔나에 남아 있었지만 말이다.

1880년대에는 소규모 개혁교회와 교단들이 프라하에서 활동하기 시작했다. 그때까지 독일 헤른후트단과 연결되어 있던 형제단이 처음으로 '아버지의 땅'으로 돌아왔다. 이윽고 체코종교개혁의 전통과 직접적 관련이 있고, 또 미국 교회들의 선교의 결과로 성장한(오늘날 형제교회라고 부르는) '체코형제단'도 도착하였다. 1885년 '헬치츠끼 형제단'이라는 이름을 받아들인 체코 침례교인들이 자신들도 체코종교개혁과 관련이 있음을 주장하였다. 이종성찬을 시행하는 구가톨릭교회와 제7일 안식일교, 성령강림 사도교회, 그리고 후에 감리교회 모두 프라하에서 열심히 일하기 시작하였다.

하지만 20세기 초, 국내 관용의 교회 내에 민족분열이 일어났다. 비엔나 감독청이 세운 체코지부로부터 1901년 독일 루터교회가 독립하였다. 반대로 체코 루터교인들은 국내 체코고백에 따라 신앙고백을 하였고, 국내 관용의 개혁교회와 관계하는 일에 더 많은 관심을 갖기 시작했다.

19세기 말, 마침내 완전한 신앙의 자유를 성취한 후 체코는 점차 종교개혁의 유산을 찾아 알릴 수 있게 되었다. 그래서 지금 이와 같은 여행을 시도하는 것처럼, 체코종교개혁이 다음세대에 미칠 영향을 지켜볼 수 있게 된 것이다.

에필로그
체코종교개혁의 유산

 19세기와 20세기 사이에 체코인의 민족의식이 증가한 것처럼, 국내 종교개혁에 대한 문화적, 정신적 의식도 증가하였다. 독립된 체코국가를 세우는 것이 목표였던 사람들은 300년 후 그들의 유산을 좀 더 적극적으로 활용하려고 노력하였다. 제1차 세계대전이 이미 확산되었을 때인 1915년에, 마사릭$^{\text{T. G. Masaryk}}$은 합스부르크의 속박으로부터 독립을 얻기 위해 전 민족적 투쟁을 선언하였다. 결국 1918년 체코슬로바키아는 독립을 쟁취하고, 마사릭은 초대대통령이 된다.

 세계대전 이후 세워진 독립된 체코슬로바키아공화국은 오랫동안 준비했던 대로, 두 개의 교단을 통합하여 체코형제복음교단^{ČCE}을 이루었다.
 1918년 12월 18일, 프라하 시민홀$^{\text{obecní dum}}$에서는 두 교단에 소속된 121개 교회 대표 216명이 모여 회의를 열었다. 그때 개혁교회 교인은 126,000명, 루터 교단에 속한 교인은 34,000명이었다. 통합된 개혁교회는 300년 만에 체코종교개혁의 기본고백으로 돌아올 수 있게 되었다. 1420년의 '프라하의 4개 조항', 1535년의 '형제단의 고백'(1662년 마지막 전달자 꼬멘스끼에 따른), 1575년 '체코신앙고백', 그리고 물론 관용의 시기 신앙고백도 기억하고 있다. 1530년 루터교의 '아우구스부르크의 고백'과 1566년 '제2스위스(헬베틱) 신앙고백' 등도 포함된다.

체코와 모라바와 슬레스꼬에서 독일 루터교단이 독립한 것처럼 1919년 10월 26일, 전쟁 후 체코슬로바키아공화국에서 독일 루터 관용의 교회가 세워졌다. 당시 66개 교회에 교인은 130,000명이었다. 개혁의 시기에 연합한 형제들과는 달리, 체코슬로바키아공화국 초기에 독일 복음주의 교회는 체코 복음주의자들과 민족이 다르다는 이유로 배제되었다. 이로 인해 결국 히틀러 나치 정권의 불행했던 시기에 성직자들 간에 선을 긋게 되었고, 제2차 세계대전 후에야 사라지게 되었다. 그러나 경계선을 그었던 교회 안의 교인들이 독일 교인들의 활동을 허락하지 않았던 공산주의 통치가 끝난 후 그들을 교인으로 받아들였던 것처럼, 독일 루터 교회도 체코형제 개혁교회 교인으로 끌어안았다. 그들은 체코형제복음교단^{ČCE} 소속 회원이 되었으며, '벽 속의 마르띤 교회'도 사용하도록 허락되었다.

설교자들을 훈련하고 다음세대에게 신학을 교육하기 위해 '후스개혁 신학교'가 1919년 11월 15일에 세워졌다. 제1차 세계대전 후, 합스부르크 왕가와 밀접한 관계를 가져 온 로마가톨릭교회에 대한 반대의 움직임이 해방된 체코슬로바키아 안에서 일어나기 시작했다. 체코 인구의 18% 이상이 '로마로부터의 자유' LOS VON-ROM 운동에 가담했고, 10만 명 이상이 체코형제복음교단 소속의 교인이 되었다. 그러나 1920년 1월 8일, 더 많은 사람들이 가톨릭 내의 급진파 사제들에 의해 새롭게 만들어진 체코슬로바키아 교회에 가담했다. 이 교단은 후스의 개혁정신에 따라 주요 상징으로 성찬잔을 받아들이고 '체코슬로바키아 후스교회'^{CČSH}라고 이름지었으며 (1971년), 진보적이고 토착적인 민족교회로서의 특징을 가졌다. 한때는 공화국 내에서 가장 큰 교단이 되기도 했다. 가톨릭은 여전히 자유민주주의 국가에서도 정치적인 힘을 유지할 수 있는 가장 큰 교회이다. 개혁운동 시작부터 빌라 호라 전투 때까지 교인 숫자의 비율은 계속 뒤바뀌었지만, 앞으로도 크게 바뀔 것 같지 않다. 1921년 종교인구 조사 결과에 따르면 로마카톨릭 약 60% 교인 700,000명, 체코슬로바키아 후스교단 13%, 체코형제복음교단 5%, 유대교 4%, 그밖의 교회 18%이다.

최근 체코 기독교 인구변화 – 번역자 주

2011년에 이루어진 인구조사의 결과는 체코기독교회들을 매우 당혹하게 만들었다. 1991년, 2001년, 2011년 각각 10년마다 열린 세 차례의 인구조사 결과 변화는 다음과 같다.

	1991(총 10,302,215명)	2001(총 10,230,060명)	2011(총 10,562,214명)
신자	4,523,734	3,288,088	2,175,087
무종교	4,112,864	6,039,991	3,612,804
무응답 또는 불확실	1,665,617	901,981	4,774,323

신자 수는 1991년 대비 10년 만인 2001년에 72.7퍼센트로 줄었고, 다시 10년 만에 같은 수준으로 줄어들었다. 1991년 대비 20년 만에 약 절반으로 줄었다. 무종교 응답자는 1991~2001년 10년간 6백만 명 이상으로 늘었다가 2001~2011년 10년간 3백6십만 명으로 다시 줄었다. 종교에 대해 응답하지 않은 숫자는 2001년 대비 2011년에 무려 529퍼센트가 늘었다. 신자(등록 또는 등록하지 않은) 응답자의 전체 숫자와 무종교 응답자 숫자는 크게 줄어든 반면, 무응답자가 급격하게 늘어난 현상에 대해 사회학자와 종교학자들은 '기독교 교회에 대한 무관심'이며, 무응답자들 대다수는 기독교 교회를 '기관'(Institute)으로 이해하는 경향을 원인으로 지적하고 있다.

또한 체코의 3대 교단 교세는 모두 급격한 감소를 보이고 있다.

	1991	2001	2011
가톨릭	4,021,385	2,740,780	1,083,899
체코형제복음교회(ČCE)	203,996	117,212	51,936
체코슬로바키아후스교회	178,036	99,103	30,276

> 가톨릭은 1991~2001년 10년간 약 50퍼센트가 감소하였고 2001~2011년 10년간 다시 약 50퍼센트가 줄었다. 이런 경향이 가장 큰 개신교에서도 거의 같은 수준의 감소가 이루어졌고, 다른 하나의 개신교인 체코슬로바키아 후스교회는 처음 10년간은 55퍼센트 이상 감소되었고, 마지막 10년간은 30퍼센트 감소되었다. 1991년 대비 지난 20년간 체코 최대 3개 교단의 교인 수 감소는 3백2십만 명이 넘지만 2011년 "등록하지 않았다"는 항목의 응답자는 겨우 70만 명에 불과하다. 그러므로 나머지 2백5십만 명은 무응답자로 남았을 가능성이 높다. 교회를 떠나는 사람들을 한국교회는 소위 '낙심자'로 말하고 있듯이 이들은 대부분 교회의 기관화에 저항을 하는 것이거나 아니면 무관심자로 남는 것으로 전문가들은 보고 있다.

1920년 체코슬로바키아 성서공회가 세워졌을 때, 모든 개혁교회들이 성경번역 작업에 함께 참여하였다. 바츨라프 광장에 가게를 열고, 영국에서 인쇄한 끄랄릭 성경 사본을 팔기 시작하였다. 이러한 성서공회의 성공적인 성경 판매 활동은 1953년 사회주의의 강압으로 정지되었으나, 미국 성서공회와의 관계는 계속 지속되었다. 그후 성경을 에큐메니칼 차원에서 체코어로 번역하자는 움직임이 일어나, 1961년에서 1978년 동안의 준비를 거쳐 성서공회는 1990년 말 로마가톨릭과 연합하여 이 일을 완수하였다.

연대별 역사적 사건들

1348년	까렐 4세(1346–1378)가 프라하 대학과 신시가를 건설
1363년	콘라드 발드하우저$^{K.\ Waldhauser}$(1369)가 까렐 4세에 의해 설교가로 활동하도록 허락받음. 얀 밀리츠$^{J.\ Milič}$(1374)와 마띠예이 $^{Matěj\ z\ Janova}$(1389)도 함께 일함.
1372년	'예루살렘'이라고 불리는 보호수용소 겸 설교소가 밀리츠에 의해 세워짐.
1391년 5월 24일	베들레헴 채플$^{Bethlémské\ kaple}$이 세워짐(1394). 1402년부터 이곳에서 얀 후스가 활동
1409년 1월 18일	바츨라프 4세(1378–1419)가 대학 내 선거에서 체코인에게 3표를 허락하는 '꾸트나호라 칙령'을 발표
1410년	대주교 즈비넥 자이츠$^{Zbyněk\ Zajíc}$가 주교궁 마당에서 위클리프 서적들을 불태움.
1412년	후스와 예로님이 프라하에서 면죄부 판매에 대해 공식적으로 반대, 그 후 후스에게 성무금지령이 내려지고 프라하에서 추방
1414년	'영국인 선생'이라고 알려진 위클리프의 지지자 영국인 피터 페인$^{Peter\ Payne}$이 망명자로 프라하에 옴.
1414년 10월 11일	얀 후스가 콘스탄츠 종교법정에 세워짐. 11월, '벽 속의 마르띤 교회'에서 이종성찬이 시행
1415년 6월 6일	얀 후스가 콘스탄츠에서 화형

1416년 5월 30일	프라하의 예로님도 콘스탄츠에서 화형
1417년	까렐대학에서 이종성찬을 인정, 성만찬은 후스개혁운동의 상징이 됨.
1419년 7월 22일	이종성찬주의자(개혁교도)들이 따보르라는 곳에 모임, 따보르후스파가 형성
7월 30일	가톨릭파 시의원들이 신시청사에서 투척되는 사건이 발생
8월 16일	바츨라프 4세가 쿤라띠체에 있는 그의 여름별장에서 사망
9월 17일	이종성찬주의자(개혁교도)들이 바츨라프 콘라다 령 브지 산에 모임
1420년 7월 4일	'프라하 4개 조항'이 프라하 대학에서 공식적으로 선포
1420~1431년	반 후스 십자군 전쟁을 지그문트가 지휘, 후스파 전쟁에서 계속 승리
1420년 7월 21일	얀 쉬시까 장군이 지휘한 군대가 프라하 근처 비트꼬바 산에서 승리
11월 2일	비셰흐라드 근처 승리
1421년	후스파 도시들인 프라하, 따보르, 오렙이 동맹을 결성 프라하 대주교 베히띠의 콘라드 Konrád z Vechty 가 후스파에 가담, 차슬라브 집회에서 지그문트 룩셈부르크 왕을 쫓아냄.
1421년 10월 2일	후스군이 자떼츠 전투에서 승리
1422년 1월 8일	후스군이 콘트나 호라와 니예메츠끼 브로드 전투에서 승리
1424년 10월 11일	얀 쉬시까 장군 사망
1426년 6월 14일	쁘로꼬프 홀리 Prokop Holý 장군 지휘하의 후스군이 우스띠 나드 라벰 전투에서 승리
1427년 8월 4일	쁘로꼬프 홀리 장군의 지휘하의 후스군이 따호브 전투에서 승리
1429년 10월 10일	베들레헴 채플의 관리자였던 야꼬우벡 Jakoubek ze Stříbra 사망
1431년	미꿀라쉬 Mikuláš z Pelhřimova 가 '따보르고백'을 발표
1431년 8월 14일	쁘로꼬프 홀리 장군의 지휘하의 후스군이 도마쉬리체 전투

	에서 승리
1432년 5월 8~18일	헤브 재판(후스파 대표와 바질 종교의회 만남) : 하나님의 말씀의 권위를 결정
1433년 4월 1~14일	후스파 대표가 바젤종교의회 앞에 섬. 미꿀라쉬가 따보르고백을 방어
1434년 5월 30일	급진적 따보르파 패배, 홀리 장군이 립빤 전투에서 사망
1435년 10월 21일	얀 로키차나$^{Jan\ Rokycana}$가 종교의회에서 대주교로 선임
1436년 6월 5일	바젤 종교회의, 모든 예배에서 이종성찬 결정
7월 5일	'바젤협정' 이 이흘라바 종교의회에서 선포 ; 지그문트가 체코의 왕이 됨.
1437년 4월 12일	'바젤협정' 돌판을 프라하에 있는 '그리스도의 몸 채플' 에 세움.
9월 9일	얀 로하츠$^{Jan\ Rohač\ z\ Dubé}$ 따보르파 장군이 그의 동료들과 함께 프라하에서 사형
1448년	뽀데브라디의 이지$^{Jiří\ z\ Poděbrad}$가 프라하를 점령하여 성배주의자의 적들을 진압
1452년	따보르 시가 점령, 콘라다 사제가 구시청사에 감금
1457년 3월 2일	뽀데브라디의 이지가 귀족회의에서 체코 왕으로 선출
1462년	교황 비오^{Pius} 2세가 체코 땅에서 '바젤협정' 을 무효화시킴, 콘라드$^{Václav\ Koranda\ mladý}$와 함께 개혁교도 대표들이 바젤로 감.
1467년	'형제단' 이 르호뜨까에서 독립교회를 세우고 첫 번째 사제를 선임
1468년	첫 번째 체코 도서 "kroniky trojanské"가 쁠젠에서 발간
1471년	뽀데브라디의 이지 왕이 죽고 블라디슬라브 2세$^{Vladislav\ II\ Jagellonský}$가 체코 왕으로 선출
1485년	개혁교도와 가톨릭 간의 평화조약이 꾸트나 호라에서 결성
1508년	형제단에 반대하는 성 야쿠스끼 만다트가 블라디슬라브 2세 왕에게 판결 받음.
1516년	블라디슬라브 2세가 죽고 루드빅 야겔론스끼$^{Ludvík\ Jagellonský}$가

	왕위를 이어받음.
1517년 10월 31일	마틴 루터가 비텐베르크에서 면죄부 판매에 반대하여 95개 조항 개시 : 독일 종교개혁 시작
1526년	루드빅 야겔론스끼가 죽고 합스부르크의 페르디난드 1세가 왕이 됨.
1529년	독일Speyer에서 열린 궁중회의에서 독일의 종교개혁자들을 프로테스탄트라고 규정
1530년	독일 종교개혁의 '아우구스부르크 신앙고백'이 필리프 멜란히톤Philipp Melanchthon에 의해 기초되고 아우구스부르크 궁중회의 이전에 완성
1535년	체코형제단의 신앙고백을 왕 페르디난드에게 전달
1547년	독일 개혁교도 왕자들이 뮐베르그Mühlberk 전투에서 페르디난드 1세에게 패배
1548년	형제단 사제인 얀 아우구스타와 그의 서기 야쿱 빌렉이 크지보끌랏 성 감옥에 16년간 감금
1556년	페르디난드 1세가 예수회를 프라하에 들어오도록 허락, 로마가톨릭 종교의회가 개혁교회에 반대하는 결정을 내림.
1564년	페르디난드 1세가 죽고 막시밀리안 2세가 왕이 됨.
1575년 5월 14일	'체코신앙고백'을 체코 개혁교도들의 일상의 신조로 막시밀리안 2세에게 전달
1576년	막시밀리안 2세가 죽고 루돌프 2세가 왕이 됨.
1579~1593년	형제단 신학자들에 의해 주석이 달린 끄랄리츠까 성경Kralická bible이 체코어로 번역
1609년	루돌프 2세가 모든 계층의 사람들에게 완전한 종교의 자유를 보장하는 '황제헌장'을 발표
1611년	루돌프 2세가 죽고 1619년까지 마띠아 1세Matyáš I가 왕위를 계승
1618년 5월 23일	세 번째 창문투척사건이 일어나고 30명의 정부 각료가 세워짐(10개 부분에 각각 세 계층 : 귀족, 기사, 시민).

1619년	첫 번째 개혁교회 군주 프리드리호 팔츠끼Fridrich Falcký가 8월 26일 체코인들에 의해 선출
1620년 11월 8일	후스파 개혁세력들이 빌라 호라 전투에서 가톨릭에게 패배, 합스부르크 왕 페르디난드 2세가 승리
1621년 6월 21일	27명의 체코 봉기 지도자들이 구시가 광장에서 처형
1627년 5월 10일	페르디난드 2세에 의해 재가톨릭화 법령이 선포
1631~1632년	색슨족이 체코 땅을 침입하여 프라하를 점령, 몇몇 개혁교회 망명자들이 체코 땅으로 돌아옴.
1634년 2월 25일	알베르트 발드슈타인이 헤브에서 페르디난드 2세 황제에게 반역죄로 죽임을 당함.
1636년	찬송가 "cithara sanotorum"이 슬로바키아 레보차Levoča에서 발간
1648년 10월 24일	30년전쟁 끝에 베스트팔렌 평화조약이 체결, 그러나 체코 땅에는 합스부르크에 의한 지배가 계속됨.
1654년 11월 15일	얀 아모스 꼬멘스끼가 네덜란드 암스테르담에서 망명 중 사망
1722년	진젠도르프 백작 영지 내에 모라바로부터 망명해 온 독일인들에 의해 '헤른후트 형제단'이 세워짐. 1749년에 이들로부터 새로운 형제단이 형성
1781년 10월 13일	황제 요세프 2세가 '관용의 칙령'을 선포
1782년 11월 15일	재가톨릭화 이후, 프라하 첫 개신교 예배가 루터 관용의 교회에 의해 드려짐.
1861년 4월 8일	황제 프란쯔 요세프 1세가 개신교와 가톨릭 교도 모두에게 동등한 권리를 보장하는 '프로테스탄트 칙령'을 선포
1905년	'콘스탄츠 연합'이 프라하에 만들어짐. 이는 체코종교개혁을 신앙의 유산으로 고백하는 체코 개혁교도들의 독립된 단체임.
1914년 7월 28일	제1차 세계대전 시작
1915년 7월 6일	콘스탄츠 연합이 구시가에서 '얀 후스 죽음 500주년 행사'를 개최

1918년 10월 28일	제1차 세계대전이 끝날 무렵 체코슬로바키아공화국이 건설
12월 18일	아우구스부르크 신앙고백을 하는 교회들과 헬베르트 신앙고백을 하는 교회들이 연합하여 프라하 시민홀에서 체코형제복음교단(CCE : Česká bratrská Cirkev Evangelická)을 이룸.
1919년 1월 8일	체코슬로바키아 교회가 세워짐(이 교파는 후에 체코슬로바키아 후스교단으로 알려짐).
1938년 9월 29일	뮌헨협정으로 인해 체코슬로바키아 국경지역이 독일 나치에게로 넘어감.
1939년 3월 15일	체코슬로바키아는 나치에게 점령되어 체코와 모라바 보호령이 됨.
1939년 9월 1일	제2차 세계대전 발발, 1945년 5월 8일 체코슬로바키아는 해방됨.

인덱스

종교 지도자

- 도미닉 예수 마리아 / Domínik J. M. / 4구역 6 / 빌라 호라 전투의 가톨릭 장군
- 드라죠프의 M. 사무엘 마르띠니우스 / z Dražova M. / 2구역 10; 4구역 4 / 성 하슈딸 교회 루터파 설교자, 마틴 루터와 얀 후스의 가르침을 비교한 글로 유명
- 드라쥐체의 얀 / z Dražic J. / 1구역 7
- 드라호프의 바츨라프 / z Dráchova V. / 1구역 7, 8 / 베들레헴 채플 관리자 (설교자)
- 또비야쉬 알베르뚜스 / Albertus T. / 2구역 11 / 이종성찬주의 마지막 사제
- 로욜라 이그나티우스(이그나쯔) / Ignác z L. / 3구역 5 / 예수회, 성인, 반종교개혁의 승리의 상징
- 리보찬의 바츨라프 하엑 / Hájek V. z Libočan / 4구역 1 / 가톨릭 사제, 역사가, 반후스운동의 연대기
- 마떼이 찌루스 / Cyrus M. / 2구역 8 / 17세기 베들레헴 채플 관리자(설교자)
- 마또우쉬 필로메누스 베네쇼브스끼 / Benešovský F. M. / 3구역 6 / 수도원 원장, 체코어 문법기초
- 바츨라프 코란다 물라드쉬 / Koranda V. ml. / 1구역 2 / 이종성찬 교회 지도자
- 바츨라프 코란다 스따르쉬 / Koranda V. St. / 1구역 6; 2구역 1; 3구역 1 / 따보르파
- 빠르두비체의 아르노슈트 / Arnošt z Pardubic / 1구역 7 / 첫 대주교
- 뻴흐지모프의 미꿀라쉬 주교 / Biskupec M. / 1구역 1 / "따보르 신앙고백" 작성
- 뻬뜨르 헬치츠끼 / Chelčický P. / 3구역 6 / 후스와 야꼬우벡의 추종자, 쿤발트에서 체코형제단 결성

- 쁘로꼬프 홀리 / Holý P. / 3구역 1 / 이종성찬파 지도자
- 스뜨지브로의 야꼬우벡 / Jakoubek ze Stříbra / 1구역 1, 6, 8, 11; 2구역 1, 5 / 이종성찬 초기 주장자, 벽 속의 마르띤 교회 사제
- 시릴과 메또데이 / Cyril a Metoděj / 3구역 9 / 모라바에 파송된 마케도니아 선교사 형제
- 아담 클레멘트 / Klement A. / 마지막 이종성찬주의자
- 안또닌 꼬니야쉬 / Koniáš A. / 4구역 2 / 반종교개혁자
- 야꿉 야꼬비데스 / Jakobides J. / 1구역 11 / 벽 속의 마르띤 교회 마지막 사제
- 얀 깜빠누스 보드냔스끼 / Kampanus J. / 3구역 5 / 구시가 광장 귀족처형 목격자
- 얀 드라엔도르프 / Draendorf J. / 2구역 1 / 이종성찬 교회에서 사제 서품을 받음
- 얀 로사시우스 호조브스끼 / Hořovský J. R. / 4구역 8 / 성 미꿀라쉬 후스파 교회 마지막 사제
- 얀 루냐치우스 도마즐리츠끼 / Domažlický L. / 1구역 7
- 얀 아모스 꼬멘스끼(라틴어 이름 : 꼬멘스끼) / Komenský J. A. / 1구역 3, 8; 2구역 10; 4구역 12; 5구역 1, 6 / 반종교개혁시대의 유명한 추방자, 체코형제단의 마지막 주교, 교육시스템 개발
- 얀 아우구스트 / August J. / 4구역 2 / 형제단 감독
- 얀 찌릴 / Cyril J. / 1구역 8 / 꼬멘스끼 사위
- 얀 후스 / Hus J. / 1구역 1, 2, 6, 7, 8, 11; 2구역 5; 4구역 4, 5 / 체코종교개혁의 산실인 까렐 대학 교수, 베들레헴 채플 설교자로서 체코어로 설교
- 예로님 프라즈스끼 / Jeronym Pražský / 1구역 1, 8; 2구역 1; 3구역 4 / 영국 종교개혁자 위클리프 사상 전파, 종교재판에서 얀 후스를 변호
- 이지 디카스투스 / Dikastus J. / 2구역 3 / 띤 교회의 마지막 사제
- 인드지흐 브제띠슬라브 / Břestislav J. / 4구역 5
- 피굴루스 / Figulus / Jablonský J. / 야블론스끼 / 꼬멘스끼의 손자, 추방된 형제단의 주교
- 하벨 짜헤라 / Cahera H. / 2구역 5 / 개혁파 종교의회의 최고 행정관
- 흐라데츠의 얀 / Hradec J. / 1구역 11 / 이종성찬 예배를 시행한 벽 속의 마르띤

교회 사제

설교자

- 꼴린(퀼른)의 슈떼판 / Štěpán z Kolína / 1구역 8 / 베들레헴 채플 설교자
- 드라즈댜니(드레스덴)의 미꿀라쉬 / Mikuláš z Drážďan / 1구역 8; 2구역 1 / 독일 종교재판에서 희생된 개혁자
- 드라즈댜니(드레스덴)의 뻬뜨르 / Petr z Drážďan / 2구역 1 / 형 미꿀라쉬와 프라하에서 위클리프 연구
- 마르꼬비츠 / Markovič M. / 4구역 9 /
- 마르틴 루터 / Luther M. / 1구역 2 / 독일 종교개혁자
- 믈라도뇨비체의 뻬뜨르 / z Mladenovic P. / 1구역 4, 6 / 이종성찬주의자
- 미할 드 카우시스 / Michal de Causis / 3구역 10 / 후스 반대파 사제
- 미할 뽈락 / Polák M. / 1구역 7 / 성 일리 교회의 폴란드 출신 후스파 사제, 까렐 대학 졸업, 이종성찬 교회의 대표적 인물
- 바츨라프 / Václav kněz / 1구역 2 / 성 하벨 교회 사제, 후스파
- 바츨라프 미뜨마넥 / Mitmánek V. / 2구역 5 / 개혁파 종교의회의 최고 행정관
- 베드지흐 빌렘 꼬슈뜨 / Košut B. V. / 2구역 11; 3구역 11 / 끌리멘트 개혁교회 설교자
- 브제조베의 바브지네쯔 / Vavřinec z Březové / 4구역 1 / 후스파 연대기 저술
- 블라쉬미예의 얀 오츠꼬 / Očko J. z Vlašimi / 4구역 3, 5 / 프라하 두 번째 대주교
- 빅토린 브르벤스끼 / Vrbenský V. / 1구역 5 / 이종성찬주의자들의 교회인 구시가 성 미꿀라쉬 교회의 마지막 사제
- 빠벨 프자자 / Přáza P. / "체코신앙고백" 작성자
- 뻬뜨르 뚜르노브 / Turnov P. / 2구역 1 / 위클리프 연구
- 슈미츠 / Schmidt R. / 4구역 9 / 관용의 칙령 이후 프라하에서 개혁파의 루터교회가 첫 공식적인 예배를 드릴 때 교회 지도자
- 야꿉 블륵 / Vlk J. / 3구역 1 / 후스파의 급진주의자

- 야노브의 마떼이 / Matěj z Janova / 1구역 5; 4구역 5 / 개혁파 설교자, 성화와 성자의 유품 거부, 성경중심 강조
- 얀 네뽀무쯔끼 / Nepomucký J. / 2구역 8; 4구역 2 / 재가톨릭화의 상징
- 얀 로키차나 / Rokycana J. / 1구역 7; 2구역 3, 5; 3구역 5, 6 / 후스파 교회의 대주교
- 얀 미슈따 / Mišta J. / 4구역 8 / 이종성찬 옹호자
- 얀 미스또폴 / Mystopol J. / 1구역 5 / 개혁파 종교의회 책임자
- 얀 쁘로띠바 / Protiva J. / 2구역 11 / 위클리프 교리 반대, 반후스파
- 얀 쁘로띠보프 / Protivov J. / 1구역 8 / 베들레헴 채플 설교자
- 얀 젤립스끼 / Želivský J. / 1구역 4; 3구역 1, 5 / 눈 속의 성모 마리아 교회 사제, 후스파 지도자
- 엘리아쉬 슈드 / Šůd E. / 3구역 5 /
- 요세프 루쥐츠까 / Růžička J. / 2구역 11; 3구역 11 / 체코 개혁신학부 설립에 기여
- 우니초브의 뻬뜨르 / z Uničova Petr / 반후스파
- 이지 스뜨레이츠 / Strejc J. / 4구역 11 / 체코신앙고백을 작성한 형제단 대표
- 이지 트자노브시끼 / Třanovský J. / 4구역 8 / 루터교 사제, 시인, 개혁교회 찬송가 출판
- 제호즈 끄라이치 / Krajčí Ř. / 2구역 5; 3구역 5, 6 / 후스파 수도원의 지도자인 로키차나의 조카, 〈그리스도의 율법〉 모임 지도자
- 존 위클리프 (J. Wycliffe) / Viklef J. / 1구역 1, 3, 6, 8 / 영국 종교개혁자, 그의 저술을 체코 종교개혁자들이 연구
- 진젠도르프 / Zinzendorf M. L. / 5구역 6 / 모라바(모라비안) 형제들을 보호
- 콘라드 발트하우저 / Waldhauser K. / 1구역 2, 5; 4구역 8 / 독일 아우구스틴 수도사, 초기 체코 종교개혁자
- 크로미예지즈의 얀 밀리츠 / Milič J. z Kroměříže / 1구역 2, 5, 7, 10; 2구역 5; 4구역 8 / 체코종교개혁의 선구자
- 토마스 뮌쩌 / Müntzer T. / 1구역 8; 2구역 5 / 급진적인 개혁과 천년왕국설을 주장한 독일 종교개혁가

- 프지브람의 얀 / Příbram J. / 1구역 7, 8, 12 / 후스주의 이론가, 성 일리 교회 사제
- 피터 페인 / Payne P. / 1구역 12; 3구역 6 / 영국 옥스포드에서 온 개혁자로 급진적인 후스파 주동자
- 하벨 잘란스끼 / Žalanský H. / 1구역 7 / 성 일리 교회 사제
- 하센부르크의 즈비넥 자이츠 / Zajic Z. Z Hasenburka / 4구역 5 / 위클리프 저서 불태움

출판자

- 바르따(바르톨로메이) 네똘리츠끼 / Netolický B. / 1구역 2; 4구역 11 / 1547년 후스파 성경 출판
- 바츨라프 마떼이 크라메리우스 / Kramerius V. M. / 1구역 6 / 체코 문화전통 정신 보호 홍보, 설교 통역, 칼빈의 신앙고백 번역
- 벨레스라빈의 다니엘 아담 / Veleslavin D. / 이지 멜란뜨리흐의 사위, 후스파 역사가
- 벨레슬라빈 / Veleslavin A. S. / 1구역 2 / 성경 판매
- 쉔펠드의 J. F / Schönfeld J. F. / 4구역 1 / 최초 프라하 신문 발간
- 이지 멜란뜨리흐 / Melantrich J. / 1구역 2; 4구역 11 / 성경 판매 출판
- 캄프 / Kamp J. / 1구역 5 / 1488년 프라하 성경 출판
- 호디슈뜨꼬보의 미꿀라쉬 꼬나츠 / Konáč M. z Hodištkova / 1구역 5 / 후스파 소설가, 번역가, 책 출판업자

통치자

- 구스타프 아돌프 2세 / Gustav Adolf II. / 4구역 12 / 스웨덴 왕, 개혁교도 권리 대변
- 까렐 4세 / Karel IV. / 1구역 1; 3구역 1, 5, 8 / 11대 체코 왕, 신성로마제국 황제, 1348년 프라하 까렐 대학교 설립
- 루드빅 야겔론스끼 / Ludvík Jagellonský / 5구역 2

- 룩셈부르크 왕가 지그문트 왕 / Zikmund Lucemb. / 3구역 5
- 마띠아쉬 / Matyáš I. / 1구역 1; 5구역 2
- 마리아 테레자 / Marie Terezie / 5구역 2
- 막시밀리안 2세 / Maxmilián II. / 3구역 5, 8; 4구역 11
- 막시밀리안 바보르스끼 / Maxmilián Bavorský / 5구역 4
- 바츨라프 4세 / Václav IV. / 1구역 1, 8; 3구역 8; 5구역 2
- 보지보이 / Bořivoj / 5구역 2
- 볼레슬라브 / Boleslav II. / 5구역 3
- 블라디스라브 1세 / Vladislav I. / 2구역 11, 12
- 블라디슬라브 2세 야겔론스끼 / Vladislav II. Jagel. / 2구역 1, 2; 5구역 2 / 광적인 가톨릭 신자, 형제단 탄압
- 성 바츨라프 / Václav sv. / 5구역 2
- 소피에 여왕 / Žofie královna / 1구역 8
- 영국왕 제임스 1세 / Jakub II. angl. / 5구역 4
- 오렌지 윌리엄 / Vilém Oranžský / 5구역 4 / 네덜란드 왕자
- 요셉프 2세 / Fantišek Josef II. / 2구역 7; 5구역 7
- 요한나 바보르스카 / Johanna Bavorská / 3구역 5 / 네뽀무쯔끼 전설과 관련된 왕비
- 페르디난드 1세 / Ferdinand I. / 1구역 2; 4구역 2; 5구역 2, 5
- 페르디난드 2세 / Ferdinand II. / 1구역1; 4구역 10; 5구역 4, 6
- 프리드리흐 팔츠끼 / Fridrich Falcký / 2구역 10; 5구역 2, 4, 5
- 프제미슬 오따까르 1세 / Přemysl Otakar I. / 4구역 1
- 프제미슬 오따까르 2세 / Přemysl Otakar II. / 4구역 1

소설가, 예술가, 과학자
- 까렐 리디츠끼 / Lidický K. / 1구역 2 / 까렐 대학 내 후스 동상을 제작한 조각가
- 까렐 뽀꼬르니 / Pokorný K. / 1구역 1; 3구역 7 / 조각가
- 까렐 하블리첵 / Havlíček K. / 3구역 8

- 두쉑 / Dušek F. X. / 4구역 1 / 작곡가
- 띠호 브라헤 / Brahe T. / 2구역 5 / 천문학자, 네덜란드 출신
- 마사릭 / Masaryk T. G. / 5구역 2 / 체코 슬로바키아 초대 대통령
- 모짜르트 / Mozart W. A. / 1구역 1; 2구역 9; 4구역 1 / 음악가
- 미꿀라쉬 알레쉬 / Aleš M. / 4구역 7 / 화가
- 바그너 / Wagner R. / 1구역 10 / 음악가, 학사지역(예루살렘) 건물에서 연주
- 바츨라프 하벨 / Havel V. / 대통령
- 베르나르드 볼자노 / Bolzano B. / 2구역 2 / 수학자
- 베토벤 / Beethoven L. / 1구역 10 / 음악가
- 보이띠예흐 나쁘르스떽 / Náprstek V. / 4구역 1
- 보후슬라브 발빈 / Balbin B. / 4구역 2 / 역사가, 언어학자, 민족에 대한 관심 불러일으킴
- 브제조베의 바브지네쯔 / z Březové Vavřinec / 4구역 1 / 후스파 연대기 기술자
- 빠벨 스뜨란스끼 / Stránský P. ze Zap. / 5구역 6 / 「체코 국가에 대하여」라는 라틴어 책 발간
- 빠벨 요세프 샤프릭 / Šafařík P. J. / 3구역 2; 4구역 2
- 뻬뜨르 빠를레즈 / Parléř P. / 4구역 4 / 건축가
- 수하르다 / Sucharda S. / 1구역 2 / 프라하 시청 천문시계 움직이는 12사도 제작
- 쉬멕 / Šimek L. / 3구역 1 / 융만 동상 조각
- 슈띠뜨니 토마쉬 / Štitný T. / 1구역 7, 9 / 까렐 대학 1회 졸업생, 농촌 계몽과 교육
- 아담 클레멘트 / Klement A. / 3구역 8
- 아르라스의 마띠아쉬 / z Arrasu M. / 4구역 3 / 왕의 건축사
- 안토닌 드보작 / Dvořák A. / 1구역 10 / 학사지역의 프라하 오르간 학교에서 공부
- 알로이스 이라섹 / Jirásek A. / 3구역 5, 7; 5구역 5 / 소설가
- 야쿱 빌렉 / Bilek J. / 4구역 2 / 형제단의 감독 얀 아우구스트의 서기
- 얀 마사릭 / Masaryk J. / 5구역 3 / 마사릭 대통령의 아들, 외무부 장관
- 얀 케플러 / Kepler J. / 4구역 3 / 천문학자

- 요세프 도브로브스끼 / Dobrovský J. / 3구역 2; 4구역 1 / 민족부흥론자
- 요세프 하이든 / Haydn J. / 2구역 9 / 음악가, 성 시몬과 유다 교회에서 연주
- 요셉 융만 / Jungmann / 3구역 1, 2 / 19세기 민족부흥 운동가, 문헌학자, 번역가, 시인
- 즈호즈의 빠벨 스깔까 / Skála P. ze Zhoře / 5구역 6 / 교회 연대기 저술
- 카프카 / Kafka F. / 1구역 5, 6 / 소설가
- 프란티쉑 빌렉 / Bilek F. / 3구역 8; 5구역 1 / 조각가
- 프란티쉑 빨라츠끼 / Palacký F. / 2구역 7; 3구역 1, 2, 7, 8; 5구역 7 / 역사가, 민족의 아버지로 불림

귀족, 시민, 군지휘자
- 까를 본 리흐텐슈타인 / Lichtenstein K. / 4구역 9 / 페르디난드 2세의 부접정인, 빌라 호라 전투 이후 잔인한 보복의 주모자
- 끄베뜨니체의 홀레쯔 / Holec z Květnice / 1구역 11 / 벽 속의 마르띤 교회 관리자
- 도미닉 예수 마리아 / Dominik J. M. / 4구역 6 / 빌라 호라 전투에 참여한 가톨릭 군대 장군
- 뚜른 / Thurn / 4구역 7, 10
- 리거 / Rieger F. L. / 3구역 2 / 빨라츠끼의 정치적 동반자
- 리보슬라브의 얀 흘라브사 / Hlavsa J. z Liboslavě / 1구역 6 / 이종성찬주의자 대변인
- 마떼이 꾸뻬쯔 / Matěj Kupec / 1구역 5 / 상인, 우 빌레호 르바의 집 주인
- 마떼이 라우다 / Lauda M. / 1구역 7 / 이종성찬 사제들의 교육을 위해 후스파 기숙사 건축
- 마라다스의 돈 발타자르 / Baltasar de Maradas / 4구역 6 / 30년전쟁 때 가톨릭 십자군으로 참여하여 프라하에서 전사한 스페인 귀족
- 마르띠니츠의 야로슬라브 보지따 / Martinic J. / 5구역 2 / 시민 반란으로 창문투척을 당함

- 바츨라프 부도베쯔 / Budovec V. / 1구역 4 / 프라하 광장에서 처형된 체코 개혁 교도 지도자
- 바츨라프 크쥐즈 / Kříž V. / 1구역 7, 8 / 베들레헴 채플 공동 설립자, 상인, 프라하 시의원
- 발드슈테인의 알브레흐뜨 / z Valdštejna A. / 4구역 10, 12 / 합스부르크 군대 용병대장
- 부꼬이 / Buquoy G. / 2구역 2 / 프랑스 사령관이며, 빌라 호라 전투에 합스부르크 황제군의 대장으로 참여
- 브르뜨바의 쎄지마 / z Vrtby S. / 4구역 7 / 황제의 집사
- 쁠라따이스 / Plateis J. / 1구역 12 / 기사, 쁠라띠즈 집 주인
- 슈테른베르크 / Šternberk F. / 4구역 10 / 체코국립과학회 창시
- 스트지브로의 얀 브라다띠 / Bradatý J. / 1구역 12 / 구시가 시장, 엿기름 만드는 사람, 우스띠 나드 라벰 전투에서 십자군가 맞서 싸우다가 전사
- 알브레흐트 얀 스미츠끼 / Smiřický A. J. / 4구역 10, 11 / 반합스부르크 지도자, 시민군 무장 위해 재산 헌납
- 얀 로하츠 / Roáč J. z Dubé / 5구역 5 / 모반한 후스파 장군
- 얀 삐뜰릭 / Pytlik J. / 1구역 5
- 얀 쉬시까 / Žižka J. / 1구역 8; 2구역 1; 3구역 5; 4구역 1, 5; 5구역 2 / 후스파 장군
- 얀 슈짜스뜨니 골리아쉬 / Goliáš J. Š. / 1구역 6
- 얀 테오드르 식스트 / Sixt J. Th. / 2구역 4 / 오테르스도르프의 얀 식스트의 아들
- 오테르스도르프의 얀 식스트 / Sixt J. z Ottersdorfu / 2구역 4 / 후스파 문헌학자, 성서연구자, 정치가
- 크리슈토프 하란트 / Harant K. z Polžic / 개혁교도, 귀족
- 페르디난드 티롤스끼 / Ferdinand Tyrolský / 5구역 5 / 페르디난드 1세의 아들
- 흘룸의 빌렘 슬라바따 / Slavata V. / 5구역 2 / 시민 반란으로 창문투척 당함
- 흘룸의 얀 / z Chlumu Jan / 1구역 6 / 콘스탄츠 종교회의의 후스 동반자

교회, 종교단체
- 감리교회 / Evangelická církev metodistická / 5구역 7
- 관용의교회 / Toleranční církve / 2구역 3; 5구역 7 / 합스부르크 황제의 칙령에 의해 집회의 자유를 얻은 교회들
- 구가톨릭교회 / Starokatolická / 5구역 7
- 그리스 가톨릭교회 / Řeckokatolická / 4구역 2
- 독일 루터교회 / Luterská německá / 5구역 7
- 사도교회 / Apoštolská / 5구역 7
- 성서공회 / Biblická společnost / 5구역 8
- 아우구스부르크 신앙고백 독일 복음교회 / Německá evangelická a. v. / 5구역 8
- 아우구스부르크 신앙고백 슬레즈꼬 복음교회 / Slezská evnagelická a. v. / 5구역 8
- 아우구스부르크 신앙고백 슬로바키아 복음교회(슬로바키아 루터교회) / Slovenská evnagelická a. v. / 3구역 11
- 재건된 형제단 / Obnovená Jednota bratrská / 5구역 6
- 정교회 / Pravoslavná / 3구역 9
- 제7일 안식일교 / Adventiské s. d. / 5구역 7
- 체코슬로바키아 후스교회 / Církev československá husitská / 1구역 5; 3구역 8; 5구역 8
- 체코형제단 / Jednota českobratrská / 5구역 7
- 체코형제복음교회 / Českobratrská církev evangelická / 2구역 1; 3구역 3; 5구역 8
- 콘스탄츠연합 / Kostnická jednota / 3구역 4
- 헤른후트 형제단 / Jednota bratrská ochranovská / 5구역 7
- 헬치츠끼 형제단 / Bratrská jednota Chelčického / 5구역 7

문서, 신앙서적
- 관용의 칙령 / Toleranční patent / 4구역 9; 5구역 7

- 글라골루 성경 / Bible hlaholská / 3구역 6
- 꾸뜨나 호라 칙령 / Kutnohorský dekret / 1구역 1, 3
- 끄랄리츠까 성경 / Bible kralická / 5구역 6
- 따보르 신앙고백 / Táborská konfese / 1구역 1 / 1431년 뻴흐지모프의 미꿀라쉬 주교에 의해 작성
- 랭스 복음 / Remešské evnagelium / 3구역 6
- 루돌프 헌장 / Majestát Rudolfa II. / 3구역 5; 4구역 11
- 멜란뜨리흐 성경 / Bible Melantrichova / 1구역 2, 5
- 바젤 협정 / Kompaktáta basilejská / 3구역 5
- 베스트팔렌조약 / Vestfálský mír / 5구역 6 / 30년전쟁 종전 협정
- 벨리스라프 성경 / Bible Velislavova / 1구역 8
- 제2스위스 신앙고백 / Helvetské vyznání / 5구역 7
- 체코신앙고백 / Česká konfese / 4구역 11; 5구역 2
- 체코 영토의 원상 회복 법령 / Obnovené zřízení zemské / 5구역 6
- 콘스탄츠에서 온 후스 소식 / Zpráva o M. J. Husovi v Kostnici / 1구역 7
- 프라하 4개 조항 / Čtyři pražské články / 1구역 1; 5구역 8
- 프라하 성경 / Bible pražská / 1구역 5
- 프로테스탄트 칙령 / Protestantský patent / 5구역 7
- 헤브 재판 / Soudce chebský / 3구역 5

건물, 궁전

- 나로드니 디바들로 / Národní divadlo / 5구역 1 / 국립극장
- 나로드니 무제움 / Národní muzeum / 5구역 7 / 국립박물관
- 노바 스쩨나 (새로운 무대) / Nová scéna ND / 5구역 1 / 국립극장 옆 유리건물
- 대주교의 궁 / Arcibiskupský / 5구역 3
- 또스깐스끼 / Toskánský / 5구역 3
- 띤스까 슈꼴라 / Týnská škola / 2구역 5 / 띤 교회 학교

- 띤스까 파라 / Týnská fara / 2구역 3 / 띤 교회 사제관
- 라드니쩨 노보미예스뜨스까 / Radnice novoměstská / 3구역 5 / 신시가 시청사
- 라드니쩨 스따로미예스뜨스까 / Radnice staroměstská / 1구역 4 / 구시가 시청사
- 루드빅 날개 / Ludvíkovo křídlo / 5구역 2
- 리흐뗀슈떼인스끼 / Lichtenštejnský / 4구역 9
- 말로스트란스까 베쎄다 / Malostranská beseda / 4구역 11; 5구역 1 / 소지구(말라 스트라나) 만남의 집
- 모르진스끼 궁 / Morzinský / 4구역 9; 5구역 7
- 발드슈테인 궁전 / Valdštejnský / 4구역 12
- 벨베데르 / Belvedér / 5구역 1 / 안나 왕비의 여름궁전
- 부꼬이 궁 / Buquoyský / 2구역 2
- 부도베쯔의 집 / Budovcův / 2구역 6
- 빌라 호라 / Bílá hora / mohyla / 5구역 4, 5
- 빌라 호라의 흐베즈다 / Hvězda na B. h. / 5구역 4, 5
- 쁠라띠즈 / Platýz / 1구역 12; 4구역 1
- 슈떼른베르스끼 / Šternberský / 5구역 3
- 슈띠뜨니의 집 / Štítných / 1구역 9
- 스바또바츨라프스께 라즈네 / Svatováclavské lázně / 3구역 8 / 바츨라프 목욕탕
- 오베쯔니 둠 / Obecní dům HMP / 2구역 1 / 시민회관
- 우 체르네 루쉐 / Černá růže / 2구역 1 / 검은 장미의 집
- 우 플렉구 / Fleků / 3구역 10 / 흑맥주 양조장겸 술집
- 운겔트 / Ungelt / 2구역 6
- 체르닌스끼 궁 / Černínský / 5구역 3 / 외무성 건물로 사용
- 화폐 주조소 / Mincovna býv. / 2구역 2
- 후스의 집 / Husův dům ČCE / 3구역 3 / 체코형제복음교단 총회 사무실
- 흐라드찬스까 시청 / Hradčanská radnice / 5구역 3
- 히베른의 집 / Hybernů / 2구역 2

채플, 교회당, 회당

- 구시가지 광장의 미꿀라쉬 교회 / Mikuláš St. M. / 1구역 5; 3구역 5
- 그리스도의 몸 교회 / Božího těla / 3구역 5
- 끌레멘티눔의 끌리멘트 교회 / Kliment Klementinum / 4구역 2
- 끌리멘트 개혁교회 / Kliment ev. / 2구역 11
- 나스깔체의 네뽀무쯔까 교회 / Jana Nepomuckého na Skalce / 3구역 5
- 눈 속의 성모 마리아 교회 / Marie P. Sněžná / 3구역 1
- 띤 앞에 성모 마리아 교회(띤 교회) / Marie P. před Týnem / 2구역 5
- 로레타 / Loreta / 5구역 2
- 로레타 교회 / Narozeni Páně / Loreta / 5구역 3
- 말라 스트라나(소지구) 후스 교회 / Hus M. Str. / 4구역 6
- 말로 스트라나의 미꿀라쉬 교회 / Mikuláš M. Str. / 4구역 8
- 말로 스트라나의 바츨라프 교회 / Václav M. Str. / 4구역 8
- 말로 스트라나의 성모 마리아 승리 교회 / Marie P. Vitězna M. Str. / 4구역 6
- 말로 스트라나의 성삼위 교회 / Trojice M. Str. / 4구역 6
- 미할 교회 / Michal St. M. / 1구역 6
- 미할 브 이르하지흐 교회 / Michal Jircháře / 3구역 11
- 바르보라 / Barbora / 5구역 3
- 베네딕트 / Benedikt / 5구역 3
- 베들레헴 채플 / Betlémská / 1구역 8; 5구역 7
- 벽 속의 마르띤 교회 / Martin ve zdi / 1구역 11, 12; 4구역 1
- 빌라 호라의 성모 마리아 승리교회 / Marie P. Vitězná B. Hora / 5구역 4
- 살바또르 개혁교회 / Salvátor ev. / 2구역 7
- 살바또르 클레멘트 / Salvátor Klem. / 4구역 3
- 성 로흐 교회 / Roch / 5구역 5
- 성 보이띠예흐 교회 / Vojtěch / 3구역 10
- 성 뻬뜨르(베드로) 교회 / Petr / 2구역 12
- 성 슈테판 교회 / Štěpán / 3구역 1

- 성 토마쉬 교회 / Tomáš / 4구역 11
- 성 하벨 교회 / Havel / 1구역 2
- 성령 교회 / Ducha / 2구역 8
- 슈빠넬스끼 시나고그(스페인 회당) / Synagoga Španˇ / 2구역 8
- 시릴과 메또데이 교회 / Cyril a Metoděj / 3구역 9
- 시몬과 유다 교회 / Šimon a Juda / 2구역 9
- 야쿱 교회 / Jakub / 2구역 6
- 이지 교회 / Jiři / Hrad / 5구역 2
- 일리 교회 / Jilji / 1구역 7
- 코스마 다미엔 끌레멘트 / Kosma a Damián Klement / 1구역 1
- 코스마와 다미안 엠마오 / Kosma a Damián Emauzy / 3구역 6
- 프란띠쉑 세라핀스끼 / František Serafinský / 4구역 3
- 하슈딸 교회 / Haštal / 2구역 10

수도원, 수도회

- 꼰빅트 예수회 / Konvikt jezuit. / 1구역 9
- 끌레멘티눔 / Klementinum / 4구역 2
- 도미니크 수도원 / Dominikání St. M. / 1구역 7
- 밀리츠의 예루살렘 / Jeruzalém Miličův / 1구역 9
- 베네딕트 브제노프 / Bendiktiní Břevnov / 5구역 3
- 소지구의 또마쉬 / Tomáš M. Str. / 4구역 11; 5구역 1
- 스뜨라호프 수도원 / Premonstráti Strahov / 5구역 3
- 아네슈까 / Anežka / 2구역 9
- 안나 / Anna / 4구역 1
- 엠마오 수도원 / Emauzy / 3구역 6

기숙사, 학교, 박물관

- Collegium Hieronimi Pragensis / 3구역 3, 10
- Rečkova kolej / 1구역 10
- 구 유대인 학교 / Stará škola žid. / 2구역 8
- 국립박물관 / Národní muzeum / 5구역 8
- 까렐 대학 / Univerzita Karlova / 1구역 1
- 까렐 대학 개혁신학부 / Evangelická teologická fakulta UK / 3구역 10
- 까롤리눔 / Karolinum / 1구역 1
- 꼬멘스끼 개혁신학부 / Komenského evang. bohosl. Fakulta / 3구역 3, 10, 12
- 꼬멘스끼 교육학 박물관 / Muzeum J. A. Komenského Pedag. / 4구역 12
- 끌레멘티눔 / Klementinum / 4구역 2
- 나사렛 기숙사 / Nazaretská kolej / 1구역 7
- 아뽈슈똘스까 기숙사 / Apoštolská kolej / 1구역 7
- 체르나 루쉐 대학교수 기숙사 / Černá růže univ. mistrů / 2구역 1
- 체코 민족 기숙사 / Kolej čes. národa / 2구역 2
- 학사지역(기숙사) / Konvikt jezuit. kolej / 1구역 10
- 후스 개혁신학부 / Husova evnag. bohosl. fakulta / 3구역 3, 10

기념판, 기념비, 기념 동상

- 꼬멘스끼 동상 / Komenský J. A. / 5구역 1
- 네뽀무쯔끼 동상 / Nepomucký J. / 4구역 4
- 리거 / Rieger F. L. / 3구역 2
- 마사릭 대통령 동상 / Masaryk T. G. / 5구역 2
- 얀 후스 동상 / Hus M. J. / 1구역 3
- 예로님 프라즈스끼 / Jeronym Pražský / 3구역 4
- 융만 동상 / Jungmann J. / 3구역 1
- 이라섹 동상 / Jirásek A. / 3구역 7

- 젤립스끼 흉상 / Želivský J. / 1구역 4
- 체코신앙고백 기념판 / Česká konfese / 4구역 11
- 프란티쉑 빨라츠끼 / Palacký F. / 3구역 2, 7
- 흘라도바 제드 / Hladová zed´ / 5구역 1 / 배고픈 벽

체코어 한글 표기법

	자 모	한 글	
		모음 앞	자음 앞, 어말
자음	b	ㅂ	ㅂ, 브, 프
	c	ㅊ	츠
	č	ㅊ	치
	d	ㄷ	드, 트
	ď	디	디, 티
	f	ㅍ	프
	g	ㄱ	ㄱ, 그, 크
	h	ㅎ	ㅎ, 흐
	ch	ㅎ	ㅎ, 흐
	k	ㅋ	ㄱ, 크
	l	ㄹ, ㄹㄹ	ㄹ
	m	ㅁ	ㅁ, 므
	n	ㄴ	ㄴ
	ň	ㄴ	ㄴ
	p	ㅍ	ㅂ, 프
	qu	ㅋㅂ	-
	r	ㄹ	르
	ř	ㄹㅈ	르주, 르슈, 르시
	s	ㅅ	스
	š	시	슈, 시
	t	ㅌ	ㅅ
	ť	티	티
	v	ㅂ	브, 프
	w	ㅂ	브, 프
	x	ㄱㅅ, ㅈ	ㄱㅅ, 스
	z	ㅈ	즈, 스
	ž	ㅈ	주, 슈, 시
반모음	j	이	
반모음	a, á e, ě ě i, í o, o u, ů y, ý	아 에 예 이 오 우 이	

걸어서 가보는
프라하
종교개혁
이야기

초판발행 2012년 7월 5일
2쇄발행 2012년 11월 10일

지 은 이 이지 오떼르
옮 긴 이 김진아
펴 낸 곳 대한예수교장로회총회 교육자원부

발 행 인 채형욱
발 행 소 한국장로교출판사
주   소 110-470 / 서울 종로구 연지동 135 한국교회100주년기념관 별관
전   화 (02) 741-4381 / 팩스 (02) 741-7886
영 업 국 (031) 944-4340 / 팩스 (02) 944-2623
등   록 No. 1-84(1951. 8. 3.)

ISBN 978-89-398-0528-6 / Printed in Korea
값 14,000원

편 집 장 정현선
교정·교열 원지현   본문·표지디자인 김지수   지도·사진 김진아
업무과장 박호애   영업과장 박창원

※ 이 출판물은 저작권법에 의해 보호를 받는 저작물이므로 무단전재와 무단복제를 할 수 없습니다.